ICS 01.140
A 14
备案号:36946－2012

WH

中华人民共和国文化行业标准

WH/T 52—2012

管理元数据规范

Administrative Metadata Specifications

2012－10－25 发布　　2012－12－01 实施

中华人民共和国文化部　发布

图书在版编目(CIP)数据

WH/T 52—2012 管理元数据规范/中华人民共和国文化部发布. —北京:国家图书馆出版社,2013.4

ISBN 978-7-5013-5048-3

Ⅰ.①W… Ⅱ.①中… Ⅲ.①数据管理—信息管理—规范—中国 Ⅳ.①G203-65

中国版本图书馆 CIP 数据核字(2013)第 054422 号

责任编辑:高爽

书名 WH/T 52—2012 管理元数据规范

著者 中华人民共和国文化部 发布

出版 国家图书馆出版社(100034 北京市西城区文津街 7 号)

(原北京图书馆出版社)

发行 010-66114536 66126153 66151313 66175620

66121706(传真) 66126156(门市部)

E-mail btsfxb@ nlc. gov. cn(邮购)

Website www. nlcpress. com→投稿中心

经销 新华书店

印刷 北京科信印刷有限公司

开本 889×1194(毫米) 1/16

印张 5.75

版次 2013 年 4 月第 1 版 2013 年 4 月第 1 次印刷

字数 140 千字

书号 ISBN 978-7-5013-5048-3

定价 60.00 元

目　次

前　言

本标准制定的管理元数据模型参考 < indecs > 的元数据框架与 PREMIS 的数据模型。

本标准按照 GB/T 1.1—2009 给出的规则起草。

本标准的附录 A 为规范性附录,附录 B、附录 C 为资料性附录。

本标准由中华人民共和国文化部提出。

本标准由全国图书馆标准化技术委员会(SAC/TC 389)归口。

本标准起草单位:上海交通大学图书馆、国家图书馆、陕西省图书馆。

本标准起草人:郑巧英、王绍平、张洁、彭佳、李芳、汪东波、赵悦、解虹。

请注意本标准的某些内容可能涉及专利。本标准的发布机构不承担识别这些专利的责任。

引 言

利用元数据对信息资源,尤其是对数字资源进行开发、利用、管理,已经成为信息资源建设的基本手段之一。元数据最初用于描述信息资源的外部与内容特征,以便对信息资源进行有效的检索、定位或书目控制。这一类元数据现在一般称为描述元数据,如MARC、DC(Dublin Core)[1]、MODS[2]等。遵循标准化、规范化、开放性的原则,开发及应用描述元数据,增进信息系统的互操作性与开放性;通过共享元数据,进而共享元数据所描述的信息资源,促进信息资源的无障碍交流。

元数据并不局限于描述信息资源的外部与内容特征。人们在信息资源开发、利用、管理的不同阶段与不同层次,创建不同功能与作用的元数据,可以从不同的角度对这些不同功能与作用的元数据加以归类。在信息机构中通常把元数据分为描述元数据、结构元数据与管理元数据。描述元数据上文已作了介绍。结构元数据主要确定元数据的语法结构或者信息单元之间的逻辑联系,比如HTML、XML等置标语言以及METS[3]模块中的结构元数据。管理元数据是专门对信息资源实施管理的元数据。它描述信息资源管理过程中所涉及的管理信息以及由管理信息进一步揭示的管理政策与管理机制,比如与信息资源的评估、选择、使用权限、加工等有关联的信息与相关机制。管理元数据有助于对信息资源实行自动化与网络化的科学管理,有利于信息资源的管理信息跨系统交换与共享。

总体上说,已建设的元数据主要以描述元数据为主,缺少对管理信息的描述,不能满足有效管理以数字资源为主的信息资源(以下简称"信息资源")的需要。本标准规范通过阐述管理元数据的基本概念和作用,提出管理元数据框架的设计原则与应用扩展原则,构建信息资源管理元数据框架及其数据模型,制定元数据框架的数据词典。鉴于保存元数据已经发展成一个相对独立的元数据研究领域,本标准规范没有把与信息资源保存相关的保存元数据纳入本标准规范建立的信息资源管理元数据框架之内。如有必要在信息资源管理的整体架构中建立长期保存机制,则可采用已有的、国际通用的长期保存元数据方案。为使管理元数据框架与保存元数据之间建立有机的联系,在本框架的相应模块设立有特定的元素,作为连接保存元数据的接口,供用户选用。

管理元数据规范

1 范围

本标准规定了管理元数据框架的设计原则与应用扩展原则，构建了信息资源管理元数据框架及其数据模型，制定了元数据框架的数据词典。

本标准构建的管理元数据框架、数据模型以及制定的数据词典涵盖采集、加工、描述、管理、服务、保存等信息资源建设周期，为对多种来源、多种类型、多种内容与多种服务方式的复杂多样的信息资源实施有效的管理，提供统一、规范且可扩展的基础性方案，着重对信息服务机构内信息资源的采集、加工、服务等基础业务环节的管理元数据作出规定，指示对这些基础业务的管理机制与管理政策进行描述的一般性方法。本版本标准不对长期保存、资源处置等环节进行规定，在今后修订版本中可根据应用需求的发展情况进行扩展。

本标准不规定与特定的管理系统相关的管理元数据集的分析、设计与实现技术。

本标准适用于文化行业信息机构，其他行业信息资源领域可直接或经修订后采用，但其修订必须遵循本标准的基本原则与扩展原则。

2 规范性引用文件

下列文件对于本文件的应用是必不可少的。凡是注日期的引用文件，仅注日期的版本适用于本文件。凡是不注日期的引用文件，其最新版本（包括所有的修改单）适用于本文件。

GB/T 12406—2008 表示货币和资金的代码

DCMI Metadata Terms. [DCMI-TERMS]
DCMI 元数据术语集 [DCMI-TERMS]
<http://dublincore.org/documents/dcmi-terms/>

DCMI Type Vocabulary. [DCMI-TYPE-VOCABULARY]
DCMI 资源类型表[DCMI-TYPE-VOCABULARY]
<http://dublincore.org/documents/dcmi-type-vocabulary/>(2006-08-28)

Digital Object Identifier. [DOI]
数字对象标志符[DOI]
<http://www.doi.org/topics/je-mh-doi-030970.pdf>

Uniform Resource Identifier (URI): Generic Syntax. [URI]
统一资源标识符(URI):通用句法[URI]
<http://www.ietf.org/rfc/rfc3986.txt>

MIME Media Types. [IMT]
因特网媒体类型[IMT]
<http://www.iana.org/assignments/media-types/>

Date and Time Formats, W3C Note. [W3CDTF]
日期与时间格式,W3C 注释[W3CDTF]
<http://www.w3.org/TR/NOTE-datetime>

3 术语和定义

下列术语和定义适用于本文件。

3.1

管理元数据 administrative metadata

描述信息资源管理过程中所涉及的管理信息以及由管理信息进一步揭示的管理政策与管理机制的元数据。

注:譬如描述与信息资源的评估、选择、使用权限、加工、利用等有关联的信息与相关机制的元数据。

3.2

信息资源生命周期 lifecycle of information resource

标记信息资源发展和使用的一系列事件。

注:在信息服务机构内,主要包括信息资源的采集、加工、服务等。信息服务机构通常指图书馆、信息中心、档案馆等其他类似机构。事件系指某一类变化的情况。

3.3

元素 element

管理元数据的基本语义单位,描述管理元数据框架内的基本实体。

3.4

通用元素 universal element

在管理元数据框架内适用于采集、加工、服务等各个模块的元素。

3.5

专用元素 special element

在管理元数据框架内只适用于特定模块的元素。

3.6

本地元素 local element

在管理元数据框架内,特定的应用系统为适应特定的应用环境而扩充的元素。

注:通常由使用者自行定义。

3.7

修饰词 qualifier

对管理元数据语义单位的细化，是对某一语义单位属性的描述，是当元素无法满足对资源对象的精确描述需要时进一步扩展出的术语。元素和修饰词本身都可细化而拥有其修饰词。

3.8

元素修饰词 element refinement

对元素的语义进行修饰，提高元素的专指性和精确性。

3.9

编码体系修饰词 encoding scheme

编码体系是一类特殊的修饰词，它说明元素或修饰词的取值或编码所遵循的规范体系，其形式包括受控词表、规范表或者解析规则。

3.10

通用修饰词 universal refinement

在管理元数据框架内，原则上可限定任何元素及其修饰词的修饰词。

3.11

扩展的修饰词 extended refinement

在管理元数据框架内推荐使用的可对特定元素或修饰词加以限定的补充修饰词。

4 管理元数据框架

4.1 信息资源生命周期管理

信息资源生命周期每个环节有其相应的管理机制与管理政策，都可以用元数据进行描述，这些元数据是某一特定管理环节的基本元数据，既反映这一管理环节管理机制的共性，又能根据更加具体的管理功能进行扩展。本标准构建开放的、可扩展的、模块化的管理元数据集，形成一个贯穿信息资源生命周期中基础业务环节的管理元数据框架。管理元数据框架提供基于信息资源生命周期的信息资源采集、加工、服务三个基本模块，应用系统可以根据实际需求，采用其中的一个或几个模块，并可以按照管理元数据框架的扩展机制，建立更为细化的、适应实际需求的管理元数据应用体系。

4.2 管理元数据框架设计原则

4.2.1 基本原则

管理元数据框架设计遵循元数据标准规范的模块化、开放性、互操作性原则。

a)模块化原则

管理元数据属信息机构标准规范体系中的一个逻辑模块，对信息机构中信息资源的采集、加工、服务实施管理，同时进一步划分成采集、加工、服务三个子模块。子模块的元素分通用元素、专用元素、本地元素三类。

通用元素是三个子模块共有的元素，如代理（Agent）（包括用户和工作人员等）、信息资源、权限等；专用元素为特定子模块特有，如信息采集模块的“采集来源”、信息服务模块的“服务请求”；本地元素是特定的应用系统为适应特定的应用环境而扩充的元素，只适于本地系统需求，不参与不同系统间管理信息的交换。

b)开放性原则

管理元数据框架应具开放性,尽量复用或嵌套被广泛接受和应用的标准规范。

示例:元素“代理(Agent)”的属性基本复用 vCard 元素;“信息资源(InfoResource)”的描述可直接嵌套或链接 DC 或 MARC;数字信息资源的鉴定可嵌套 PICS 资源评鉴元数据[4]。它实施开放扩展机制,应用单位可根据需要对原框架内的元素实行纵向与横向的扩展。所谓纵向扩展,是对已有元素或修饰词的“细化”,即根据特定的应用环境,对已有元素或修饰词的语义加以限定,派生出更为专指的元素修饰词。

c)互操作性原则

管理元数据框架设计优先考虑和充分支持互操作能力,不局限于某个具体应用的内部功能要求。互操作能力首先基于信息机构通用的 XML 编码标准,其次在于建立一个以已有标准规范为基石的适用于信息资源管理的基本框架,供不同应用、不同系统之间交流管理信息。

4.2.2 扩展原则

应用单位可根据需要对原框架内元素实行横向与纵向扩展[5]。

a)横向扩展,是在已有元素集合的基础上建立语义不相重合的新的元素或元素集合,使其具备新的功能。元数据的横向扩展规则应遵守原框架的结构组成。

- 各应用系统的元数据规范应最大可能采用原框架的元数据项,并在语义上保持一致。
- 对原框架的元数据项不能描述的语义可增加元素,但新增加的元素不能与已有元素有任何语义上的重复。

b)纵向扩展,为了更准确地描述对象,可以对元数据进行纵向的扩展,即向下细化。

- 自行制订的修饰词必须遵循向上兼容原则(dumb-down),也即修饰词的语义包含于相应的被修饰词,在范围上对被修饰词的语义进行限定,在深度上对被修饰词的语义进行延伸。对于不具备修饰词知识的用户而言,该修饰词可以像被限定元素或被限定修饰词一样来使用。
- 如果复用来自其他元数据规范的元素或修饰词,须说明来源,使用时严格遵守其语义。

5 数据模型

本标准借鉴 <indecs>[6] 和 PREMIS[7] 数据模型,设置以下基本实体及关系:

a)代理:信息资源的生命周期中发挥某种作用的个人或团体,如用户、服务者、加工者、采集者、评估者、供应者等(与 <indecs> 的 party 与 person,PREMIS 的 Agent 对映)。

b)事件:代理与信息资源以及其他实体发生的关系,如用户查询信息资源,采集者采集信息资源,服务者履行服务政策,查询、采集、履行(与 <indecs> 的 transaction,PREMIS 的 Event 对映),用以描述信息资源的生命周期中发生的任何有意义的行动或事情。信息资源:实体的与数字化的信息资源,除了信息资源的内容(content),也包括其元数据,以及信息资源的各种组织形式,如二、三次文献,数据库(与 <indecs> 的 creation 与 intellectual property,PREMIS 的 Intellectual Entity 与 Object 对映)。

c)权限:(与 <indecs> 的 rights,PREMIS 的 Rights 对映)。

d)政策:采访政策、加工规则、服务政策等。

e)单据:订购单据、索书单等。

f)保存信息:提供与保存元数据的接口,信息资源与其发生拥有关系。

g)政策、合同、单据、评估结果、采集来源、采集方式、采集决定、加工请求、服务请求、服务方式,来源于需求分析的实体、关系或其属性,在被参照实体及其关系中没有直接映像对象,而对于描述相应的采集、加工和服务机制是必需的,确定为新的实体。政策、合同、单据、评估结果以及采集来源、采集方式、采集决定、加工请求、服务请求、服务方式均以特定的信息资源为对象。

示例:代理通过事件的作用与信息资源、政策以及合同、单据、评估结果、采集来源、采集方式、采集决定、加工请求、服务请求、服务方式等发生联系,并享有相关的权限;而权限又作用于一定的信息资源。代理也可以通过事件的作用与权限关联,譬如代理间"洽谈"许可权利等。

本标准的实体与 <indecs>、PREMIS 的被参照实体的映射关系如表 1 所示。

表 1　实体的映射关系

管理元数据规范	<indecs>	PREMIS
代理	party、person	Agent
事件	Transaction	Event
信息资源	creation、intellectual property	Intellectual Entity、Object
权限	Rights	Rights
政策	无直接的映像对象	无直接的映像对象
合同	无直接的映像对象	无直接的映像对象
单据	无直接的映像对象	无直接的映像对象
评估结果	无直接的映像对象	无直接的映像对象
采集来源	无直接的映像对象	无直接的映像对象
采集方式	无直接的映像对象	无直接的映像对象
采集决定	无直接的映像对象	无直接的映像对象
加工请求	无直接的映像对象	无直接的映像对象
服务请求	无直接的映像对象	无直接的映像对象
服务方式	无直接的映像对象	无直接的映像对象

管理元数据框架的数据模型见图 1。矩形框中是实体,有箭头的连线表示实体间的关系,箭头方向表明元数据中连接关系的指向,通常表明一个实体可对另一实体施加某种作用,对于包含链接修饰词(如"事件标识符链接"、"权限标识符链接")的实体,箭头指向被链接的实体。保存信息作为保存元数据的接口,置于虚线矩形框内,它与信息资源的关系用虚线箭头表示。数据模型中的实体在数据词典中转换为元素。

示例:譬如"代理"的箭头指向"事件",表示代理执行了特定的行动,并在"代理"中包含了链接"事件"的链接修饰词"事件标识符链接";由"事件"指向"信息资源"等实体的箭头表示行动的特定对象,而由"代理"指向"权限"的箭头表示代理拥有的特定权限,"代理"通过"事件"指向"权限"的箭头表示代理对权限执行的特定行动。

虚线框包围的三组实体,即第 1 组实体——采集来源、采集方式、采集决定,第 2 组实体——加工请求,第 3 组实体——服务请求、服务方式,分别对应信息资源生命周期的采集、加工与服务环节,它们只在相应的环节出现,并与其他实体发生关系。这三组实体在数据词典中转换为对应于采集、加工与服务的专用元素。信息资源、权限、代理、事件以及政策、合同、单据、评估结果、保存信息则在整个生命周期或其若干阶段都可能出现,它们在数据词典中转换为通用元素。

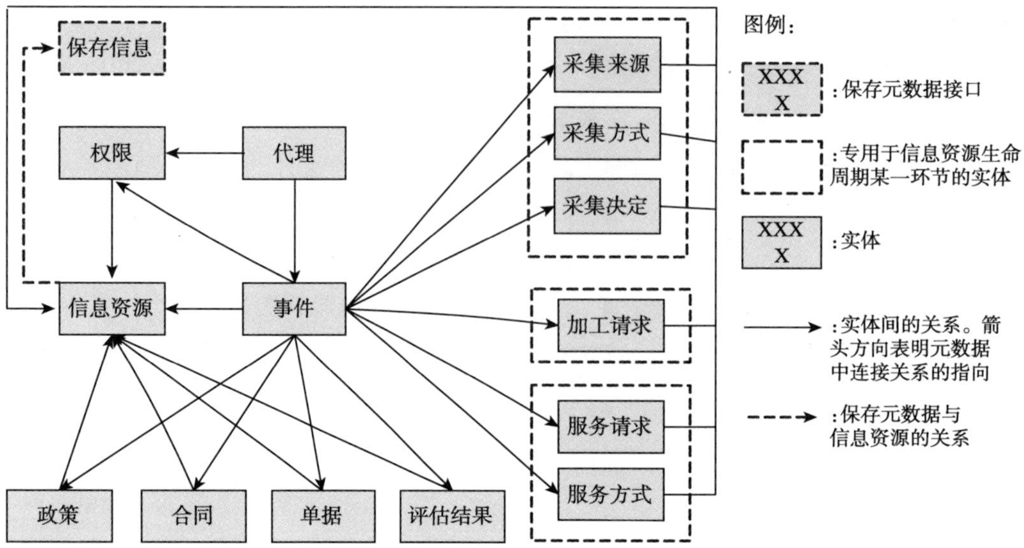

图 1　管理元数据框架的数据模型

6　管理元数据的语义

元素和修饰词的定义采用以下格式,见表 2。

表 2　元素和修饰词的定义

属性名	属性定义	约束
标识符(Identifier)	语义单位的唯一标识符,用 URI 表示。	必备
名称(Name)	语义单位的唯一标记。一般用英文表示。元素的首字母一般大写[除元素“标识符(identifier)”],修饰词的首字母一般小写(除编码体系修饰词)。	必备
出处(Defined by)	定义语义单位的元数据体系的名称以及 URI。复用或修改自某一语义单位时,指原语义单位定义的来源名称以及 URI。如无名称与 URI,也可以是定义语义单位或维护语义单位的机构名称,或者是指向定义该语义单位的文献的书目引文。	有则必备
标签(Label)	语义单位的人读标识。一般用中文表示。	必备
定义(Definition)	对语义单位的概念与内涵的说明。	必备
注释(Comment)	语义单位的应用说明。	可选
术语类型(Type of Term)	语义单位的类型。如:元素、元素修饰词、编码体系修饰词。	必备
修饰(Refines)	在定义细化的语义单位时,在此指出该语义单位所修饰的元素或元素修饰词。一般给出所修饰元素或元素修饰词的名称,推荐同时给出 URI。	有则必备
元素修饰词(Refined by)	在定义语义单位时,在此指出修饰该语义单位的元素修饰词。一般给出该修饰词的名称,推荐同时给出 URI。	有则必备
编码体系应用于(Encoding Scheme for)	在定义编码体系修饰词时,在此指出该修饰词所修饰的语义单位。一般给出所修饰语义单位的名称,推荐同时给出 URI。	有则必备

续表

属性名	属性定义	约束
编码体系修饰词(Encoding Scheme)	在定义语义单位时,在此指出修饰该语义单位的编码体系修饰词。一般给出编码体系修饰词的名称,推荐同时给出 URI。	有则必备
数据类型(Datatype)	语义单位取值的类型。	可选
版本(Version)	产生该语义单位的元数据规范版本。	可选
注册机构(Registration Authority)	被授权登记该语义单位的机构。	有则必备
语言(Language)	说明语义单位的语言。	可选
频次范围(Occurence)	使用语义单位的频次范围。采用区间的表示方法:[min, max],同时包括了对必备性和最大使用频率的定义。如:min =0 表示可选;min =1 表示必备;max =10 表示最大使用频率为 10 次;max = ∞ 表示最大使用频率没有限制。	可选

注:上述属性中,以下 4 项可以取固定值:

a)数据类型:字符串

b)版本:1.0

c)语言:缺省为简体中文

d)频次范围:[0,∞)

7 数据词典

7.1 说明

以下元素及其修饰词后面圆括号内的数字为元素或修饰词的固定编号。

数据词典的基本结构如图 2 所示。

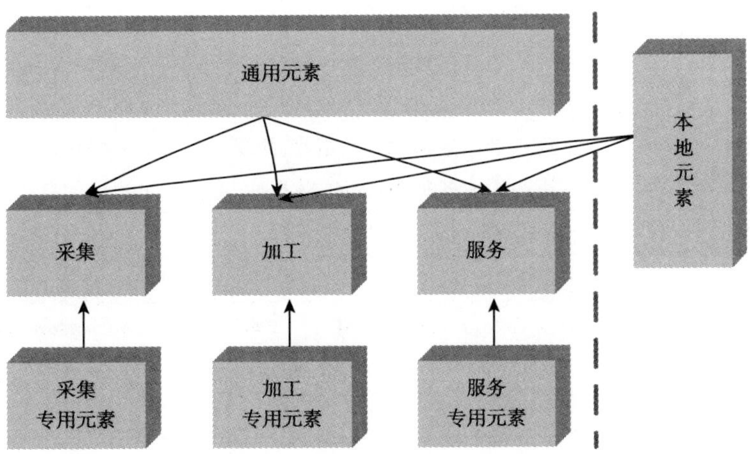

图 2 数据词典基本结构

7.2 通用元素

7.2.1 标识符

表3 标识符属性定义

属性名	属性
名称(Name)	Identifier
标签(Label)	标识符
定义(Definition)	唯一识别一个管理元数据记录的标识。
注释(Comment)	一般是特定应用系统内具有唯一识别性的标识符号。可由标识应用系统的前缀(即标识符的类型)与一字符串(即标识符的值)组成。可由系统自动产生或由人工赋予。
术语类型(Type of Term)	元素
修饰(Refines)	无
元素修饰词(Refined by)	无
编码体系应用于(Encoding Scheme for)	无
编码体系修饰词(Encoding Scheme)	无

注:并不排除必要时采用通用修饰词。下同。

7.2.2 信息资源

表4 信息资源属性定义

属性名	属性
名称(Name)	InfoResource
出处(Defined by)	据 PREMIS 修订: http://www.loc.gov/standards/premis/v1/
标签(Label)	信息资源
定义(Definition)	任何可标识的信息对象。
注释(Comment)	需通过信息系统加以管理的基本对象。可以是实体的或虚拟的信息,如:印刷型文献、数字化信息资源。可以是不同内容表达方式的资源,如:图书、连续性出版物、甲骨、拓片、西夏文献、敦煌文献、地方志、老照片、年画等。可以组织成各种形式,如:数据库、文件。可以是信息资源内容或其元数据。
术语类型(Type of Term)	元素
修饰(Refines)	无
元素修饰词(Refined by)	infoResourceIdentifier, primaryIndicator, infoResourceCategory, source, infoResourceType, technicalInfo, price
编码体系应用于(Encoding Scheme for)	无
编码体系修饰词(Encoding Scheme)	无

7.2.2.1 信息资源标识符

表5 信息资源标识符属性定义

属性名	属性
名称(Name)	infoResourceIdentifier
出处(Defined by)	据 PREMIS 修订：http://www.loc.gov/standards/premis/v1/
标签(Label)	信息资源标识符
定义(Definition)	唯一识别信息资源的标识。
注释(Comment)	一般是特定应用系统内具有唯一识别性的标识符号。可由标识应用系统的前缀(即标识符的类型)与字符串(即标识符的值)组成。可由系统自动产生或由人工赋予。
术语类型(Type of Term)	元素修饰词
修饰(Refines)	InfoResource
元素修饰词(Refined by)	无
编码体系应用于(Encoding Scheme for)	无
编码体系修饰词(Encoding Scheme)	无

7.2.2.2 主次标记

表6 主次标记属性定义

属性名	属性
名称(Name)	primaryIndicator
标签(Label)	主次标记
定义(Definition)	一个管理元数据记录中信息资源主次地位的标记。
注释(Comment)	一个管理元数据记录只能对应于一个主要的信息资源(包括作为一个对象处理的一批主要信息资源)，该信息资源的标记为“主要”；其他须由元素“信息资源”单独反映的相关信息资源都标记为“次要”。
术语类型(Type of Term)	元素修饰词
修饰(Refines)	InfoResource
元素修饰词(Refined by)	无
编码体系应用于(Encoding Scheme for)	无
编码体系修饰词(Encoding Scheme)	无

7.2.2.3 层次

表 7 层次属性定义

属性名	属性
名称(Name)	infoResourceCategory
出处(Defined by)	据 PREMIS 修订：http://www.loc.gov/standards/premis/v1/
标签(Label)	层次
定义(Definition)	信息资源根据结构层次或聚集程度所确定的基本类型。
注释(Comment)	一般信息内容可分成:文件、载体表现(可包含若干文件)资源集合(如全文数据库)复合资源(如网站);描述信息内容的元数据可分成:记录文件(包含若干记录)资源集合(如书目数据库)。建议建立受控词汇表,规范层次的取值。
术语类型(Type of Term)	元素修饰词
修饰(Refines)	InfoResource
元素修饰词(Refined by)	无
编码体系应用于(Encoding Scheme for)	无
编码体系修饰词(Encoding Scheme)	无

注 1:复合资源指封装了数据、元数据及其方法的信息资源复合体。

注 2:资源集合指个体资源对象的集合。

7.2.2.4 来源

表 8 来源属性定义

属性名	属性
名称(Name)	Source
出处(Defined by)	据 DCMI Metadata Terms 修订：http://purl.org/dc/elements/1.1/
标签(Label)	来源
定义(Definition)	对生成本信息资源的资源或其他实体的参照。
注释(Comment)	对数字资源来说,指派生出本资源的非数字资源。可用正式标识体系的字符串表示,如 URI 以及其他标识非数字资源的编码体系(ISBN、ISSN、ISRC 等)。 对元数据来说,指描述信息资源内容的元数据的原始编制机构。可用编制机构的名称或代码表示。 对非数字资源或者派生自其他数字资源的数字资源来说,其来源信息一般在资源的描述元数据中反映,如 DC 的“关系(relation)”。
术语类型(Type of Term)	元素修饰词
修饰(Refines)	InfoResource
元素修饰词(Refined by)	无
编码体系应用于(Encoding Scheme for)	无
编码体系修饰词(Encoding Scheme)	URI 等

7.2.2.5 信息资源类型

表 9 信息资源类型属性定义

属性名	属性
名称(Name)	infoResourceType
出处(Defined by)	DCMI Metadata Terms: http://purl.org/dc/elements/1.1/
标签(Label)	信息资源类型
定义(Definition)	信息资源内容的特征或类型。
注释(Comment)	资源类型包括描述资源内容的一般范畴、功能、种属或聚类层次的术语。建议采用来自于受控词表中的值(例如 DCMI 类型词汇表[DCMITYPE])。要描述资源的物理或数字化表现形式,需使用"技术信息(technicalInfo)"的扩展修饰词"格式(format)"。 若资源对象是元数据,则类型取值为:元数据。建议采用层次化形式表示类型的细化形式,如:元数据.书目,元数据.规范,元数据.馆藏。
术语类型(Type of Term)	元素修饰词
修饰(Refines)	InfoResource
元素修饰词(Refined by)	无
编码体系应用于(Encoding Scheme for)	无
编码体系修饰词(Encoding Scheme)	DCMIType 等

7.2.2.6 技术信息

表 10 技术信息属性定义

属性名	属性
名称(Name)	technicalInfo
标签(Label)	技术信息
定义(Definition)	与信息资源的创建、加工、使用相关的物理参数、技术手段与标准以及硬件环境。
注释(Comment)	建议采用附录 A 中有关本元素修饰词的修饰词。也可嵌入或链接目前通行的技术元数据[参见通用修饰词"封装(wrap)"、"链接(link)"]。
术语类型(Type of Term)	元素修饰词
修饰(Refines)	InfoResource
元素修饰词(Refined by)	参见附录 A.1
编码体系应用于(Encoding Scheme for)	无
编码体系修饰词(Encoding Scheme)	无

7.2.2.7 价格

表 11 价格属性定义

属性名	属性
名称(Name)	Price
标签(Label)	价格
定义(Definition)	信息资源在商业交易中用货币表示的价值。
注释(Comment)	一般著录信息资源在报价时的价格,与最后成交的价格可能不同。
术语类型(Type of Term)	元素修饰词
修饰(Refines)	InfoResource
元素修饰词(Refined by)	currency, localCurrency, exchangeRate, quantity, unitPrice, totalPrice
编码体系应用于(Encoding Scheme for)	无
编码体系修饰词(Encoding Scheme)	无

7.2.2.7.1 币种

表 12 币种属性定义

属性名	属性
名称(Name)	Currency
标签(Label)	币种
定义(Definition)	信息资源价格的货币单位。
注释(Comment)	货币单位的表达采用 GB/T 12406—2008 规定的货币代码,如:USD(美元)、CNY(人民币元)、EUR(欧元)。
术语类型(Type of Term)	元素修饰词
修饰(Refines)	Price
元素修饰词(Refined by)	无
编码体系应用于(Encoding Scheme for)	无
编码体系修饰词(Encoding Scheme)	GB/T 12406—2008

7.2.2.7.2 本币

表 13 本币属性定义

属性名	属性
名称(Name)	localCurrency
标签(Label)	本币
定义(Definition)	本国的货币单位。
注释(Comment)	货币单位的表达采用 GB/T 12406—2008 规定的货币代码,如:USD(美元)、CNY(人民币元)、EUR(欧元)。
术语类型(Type of Term)	元素修饰词
修饰(Refines)	Price

续表

属性名	属性
元素修饰词(Refined by)	无
编码体系应用于(Encoding Scheme for)	无
编码体系修饰词(Encoding Scheme)	GB/T 12406—2008

7.2.2.7.3 汇率

表 14 汇率属性定义

属性名	属性
名称(Name)	exchangeRate
标签(Label)	汇率
定义(Definition)	信息资源交易时价格的币种兑换本币的比率。
注释(Comment)	
术语类型(Type of Term)	元素修饰词
修饰(Refines)	Price
元素修饰词(Refined by)	无
编码体系应用于(Encoding Scheme for)	无
编码体系修饰词(Encoding Scheme)	无

7.2.2.7.4 数量

表 15 数量属性定义

属性名	属性
名称(Name)	quantity
标签(Label)	数量
定义(Definition)	信息资源的复本量。
注释(Comment)	通常根据信息资源的种类,采用件、册或其他合适的单位。
术语类型(Type of Term)	元素修饰词
修饰(Refines)	price
元素修饰词(Refined by)	无
编码体系应用于(Encoding Scheme for)	无
编码体系修饰词(Encoding Scheme)	无

7.2.2.7.5 单价

表 16 单价属性定义

属性名	属性
名称(Name)	unitPrice
标签(Label)	单价
定义(Definition)	一个单位的信息资源的价格。
注释(Comment)	信息资源单价的数值。
术语类型(Type of Term)	元素修饰词
修饰(Refines)	price
元素修饰词(Refined by)	无
编码体系应用于(Encoding Scheme for)	无
编码体系修饰词(Encoding Scheme)	无

7.2.2.7.6 总价

表 17 总价属性定义

属性名	属性
名称(Name)	totalPrice
标签(Label)	总价
定义(Definition)	信息资源的所有被采集复本的价格。
注释(Comment)	信息资源总价的数值。一般为信息资源的单价与其数量的乘积,有时还包括平台费、备份数据费用、代理公司手续费等相关费用。
术语类型(Type of Term)	元素修饰词
修饰(Refines)	price
元素修饰词(Refined by)	无
编码体系应用于(Encoding Scheme for)	无
编码体系修饰词(Encoding Scheme)	无

7.2.3 权限

表 18 权限属性定义

属性名	属性
名称(Name)	Rights
出处(Defined by)	据 DCMI Metadata Terms 修订:http://purl.org/dc/elements/1.1/
标签(Label)	权限
定义(Definition)	与某一信息资源或代理有关的一种或多种权利或许可的说明。

续表

属性名	属性
注释(Comment)	一般包括知识产权(IPR)、版权或其他各种权利,如:拥有、租用、访问、裸数据加工等。如果没有权限元素的标注,不可以对与信息资源相关的上述或其他权利的情况作出任何假定。
术语类型(Type of Term)	元素
修饰(Refines)	无
元素修饰词(Refined by)	rightsIdentifier, copyright, licenseStatement, accessRights
编码体系应用于(Encoding Scheme for)	无
编码体系修饰词(Encoding Scheme)	无

7.2.3.1 权限标识符

表 19 权限标识符属性定义

属性名	属性
名称(Name)	rightsIdentifier
标签(Label)	权限标识符
定义(Definition)	唯一识别权限的标识。
注释(Comment)	一般是特定应用系统内具有唯一识别性的标识符号。可由标识应用系统的前缀(即标识符的类型)与一字符串(即标识符的值)组成。可由系统自动产生或由人工赋予。
术语类型(Type of Term)	元素修饰词
修饰(Refines)	Rights
元素修饰词(Refined by)	无
编码体系应用于(Encoding Scheme for)	无
编码体系修饰词(Encoding Scheme)	无

7.2.3.2 版权

表 20 版权属性定义

属性名	属性
名称(Name)	copyright
标签(Label)	版权
定义(Definition)	法律上规定的个人或法人对自己创作的文学、艺术和科学作品享有的专有权利。
注释(Comment)	
术语类型(Type of Term)	元素修饰词
修饰(Refines)	Rights

续表

属性名	属性
元素修饰词(Refined by)	copyrightHolder, implementationScope, copyright ProtectionScheme, dateCopyrighted, statuteCitation
编码体系应用于(Encoding Scheme for)	无
编码体系修饰词(Encoding Scheme)	无

7.2.3.2.1 版权拥有者

表 21 版权拥有者属性定义

属性名	属性
名称(Name)	copyrightHolder
标签(Label)	版权拥有者
定义(Definition)	拥有信息资源版权的个人或组织。
注释(Comment)	建议使用 URI 或者版权拥有者的名称来表示实体。
术语类型(Type of Term)	元素修饰词
修饰(Refines)	copyright
元素修饰词(Refined by)	无
编码体系应用于(Encoding Scheme for)	无
编码体系修饰词(Encoding Scheme)	URI

7.2.3.2.2 实施范围

表 22 实施范围属性定义

属性名	属性
名称(Name)	implementationScope
标签(Label)	实施范围
定义(Definition)	实行相关版权法规的适用范围。
注释(Comment)	说明版权法规的具体实施条件,如:权利的保护期,权利的限制等。
术语类型(Type of Term)	元素修饰词
修饰(Refines)	copyright
元素修饰词(Refined by)	无
编码体系应用于(Encoding Scheme for)	无
编码体系修饰词(Encoding Scheme)	无

7.2.3.2.3 版权保护方案

表 23 版权保护方案属性定义

属性名	属性
名称(Name)	copyrightProtectionScheme
标签(Label)	版权保护方案
定义(Definition)	对信息资源的版权实施保护的方案。
注释(Comment)	例如数字信息资源的版权保护方案有:数字水印、加密等。
术语类型(Type of Term)	元素修饰词
修饰(Refines)	copyright
元素修饰词(Refined by)	无
编码体系应用于(Encoding Scheme for)	无
编码体系修饰词(Encoding Scheme)	无

7.2.3.2.4 版权日期

表 24 版权日期属性定义

属性名	属性
名称(Name)	dateCopyrighted
出处(Defined by)	DCMI Metadata Terms: http://purl.org/dc/terms/
标签(Label)	版权日期
定义(Definition)	版权声明的日期。
注释(Comment)	日期的表达采用 GB/T 7408,或采用其他可转换成 GB/T 7408 的表达方式。如:2004-04-15。
术语类型(Type of Term)	元素修饰词
修饰(Refines)	copyright
元素修饰词(Refined by)	无
编码体系应用于(Encoding Scheme for)	无
编码体系修饰词(Encoding Scheme)	GB/T 7408 等

7.2.3.2.5 引用条款

表 25 引用条款属性定义

属性名	属性
名称(Name)	statuteCitation
标签(Label)	引用条款
定义(Definition)	版权法规的相关条款。
注释(Comment)	若相关条款有网上公布的电子文本,可用其 URI 链接。
术语类型(Type of Term)	元素修饰词

续表

属性名	属性
修饰(Refines)	copyright
元素修饰词(Refined by)	无
编码体系应用于(Encoding Scheme for)	无
编码体系修饰词(Encoding Scheme)	无

7.2.3.3 许可声明

表 26 许可声明属性定义

属性名	属性
名称(Name)	licenseStatement
标签(Label)	许可声明
定义(Definition)	关于转让信息资源使用权利以及其他相关权利的声明。
注释(Comment)	若以合同形式确立许可,可在元素"合同(contract)"作进一步说明。
术语类型(Type of Term)	元素修饰词
修饰(Refines)	Rights
元素修饰词(Refined by)	licenseGrantingAgent, authorizedUserType, IPAddress, lincensePlace, numberOfUsers, termOfLicense, lincenseNote
编码体系应用于(Encoding Scheme for)	无
编码体系修饰词(Encoding Scheme)	无

7.2.3.3.1 许可授权者

表 27 许可授权者属性定义

属性名	属性
名称(Name)	licenseGrantingAgent
标签(Label)	许可授权者
定义(Definition)	转让权利的个人或组织。
注释(Comment)	建议使用 URI 或者许可授权者的名称来表示实体。
术语类型(Type of Term)	元素修饰词
修饰(Refines)	licenseStatement
元素修饰词(Refined by)	无
编码体系应用于(Encoding Scheme for)	无
编码体系修饰词(Encoding Scheme)	无

7.2.3.3.2 授权用户类型

表 28 授权用户属性定义

属性名	属性
名称(Name)	authorizedUserType
标签(Label)	授权用户类型
定义(Definition)	被授以权利的用户的类型。
注释(Comment)	说明哪些类型的用户被授以相应的权利。如:教授、研究员、博士研究生,或注册用户、非注册用户等。
术语类型(Type of Term)	元素修饰词
修饰(Refines)	licenseStatement
元素修饰词(Refined by)	无
编码体系应用于(Encoding Scheme for)	无
编码体系修饰词(Encoding Scheme)	无

7.2.3.3.3 IP 地址

表 29 IP 地址属性定义

属性名	属性
名称(Name)	IPAddress
标签(Label)	IP 地址
定义(Definition)	授权用户利用信息资源的有效 IP 地址。
注释(Comment)	
术语类型(Type of Term)	元素修饰词
修饰(Refines)	licenseStatement
元素修饰词(Refined by)	无
编码体系应用于(Encoding Scheme for)	无
编码体系修饰词(Encoding Scheme)	无

7.2.3.3.4 许可地点

表 30 许可地点属性定义

属性名	属性
名称(Name)	lincensePlace
标签(Label)	许可地点
定义(Definition)	允许授权用户使用信息资源的地域范围。
注释(Comment)	一般由地域的名称表示。对于数字资源,也可由用户享有相关权限的网络表示,如:××局域网。
术语类型(Type of Term)	元素修饰词

续表

属性名	属性
修饰(Refines)	licenseStatement
元素修饰词(Refined by)	无
编码体系应用于(Encoding Scheme for)	无
编码体系修饰词(Encoding Scheme)	无

7.2.3.3.5 用户数

表 31 用户数属性定义

属性名	属性
名称(Name)	numberOfUsers
标签(Label)	用户数
定义(Definition)	授权用户的数量。
注释(Comment)	
术语类型(Type of Term)	元素修饰词
修饰(Refines)	licenseStatement
元素修饰词(Refined by)	无
编码体系应用于(Encoding Scheme for)	无
编码体系修饰词(Encoding Scheme)	无

7.2.3.3.6 许可期限

表 32 许可期限属性定义

属性名	属性
名称(Name)	termOfLicense
标签(Label)	许可期限
定义(Definition)	许可使用权利的起讫日期。
注释(Comment)	期限的表达采用 GB/T 7408,或采用其他可转换成 GB/T 7408 的表达方式。如:2004-04-15/2005-04-15。
术语类型(Type of Term)	元素修饰词
修饰(Refines)	licenseStatement
元素修饰词(Refined by)	无
编码体系应用于(Encoding Scheme for)	无
编码体系修饰词(Encoding Scheme)	GB/T 7408 等

7.2.3.3.7 许可说明

表 33 许可说明属性定义

属性名	属性
名称(Name)	lincenseNote
标签(Label)	许可说明
定义(Definition)	关于许可声明的其他补充说明。
注释(Comment)	凡无法用许可声明的其他修饰词来描述,而认为有必要说明的事项,可用本修饰词。
术语类型(Type of Term)	元素修饰词
修饰(Refines)	licenseStatement
元素修饰词(Refined by)	无
编码体系应用于(Encoding Scheme for)	无
编码体系修饰词(Encoding Scheme)	无

7.2.3.4 访问权限

表 34 访问权限属性定义

属性名	属性
名称(Name)	accessRights
出处(Defined by)	据 DCMI Metadata Terms 修订: http://purl.org/dc/terms/
标签(Label)	访问权限
定义(Definition)	访问信息资源以及对信息资源执行特定操作的权限,或者是对信息资源密级状态的说明。
注释(Comment)	包括基于隐私、安全或其他规则才能对信息资源进行访问的信息,通常说明在怎样的条件或限制下,可拥有什么操作权限。
术语类型(Type of Term)	元素修饰词
修饰(Refines)	Rights
元素修饰词(Refined by)	condition, actionRights
编码体系应用于(Encoding Scheme for)	无
编码体系修饰词(Encoding Scheme)	无

7.2.3.4.1 条件

表 35 条件属性定义

属性名	属性
名称(Name)	condition
标签(Label)	条件
定义(Definition)	拥有某种访问权限的具体条件或限制。

续表

属性名	属性
注释(Comment)	包括对信息资源密级状态的说明。
术语类型(Type of Term)	元素修饰词
修饰(Refines)	accessRights
元素修饰词(Refined by)	无
编码体系应用于(Encoding Scheme for)	无
编码体系修饰词(Encoding Scheme)	无

7.2.3.4.2 操作权限

表 36 操作权限属性定义

属性名	属性
名称(Name)	actionRights
标签(Label)	操作权限
定义(Definition)	对信息资源执行特定操作的权限以及次数。
注释(Comment)	常见的操作权限涉及:资源选择、资源评估、资源供应、原始编目、套录、扫描、查询、创建,复制、修改、删除、合并等。建议建立受控词汇表或代码表,规范操作权限的取值。 可与“操作(action)”采用相同的词汇或代码。
术语类型(Type of Term)	元素修饰词
修饰(Refines)	accessRights
元素修饰词(Refined by)	无
编码体系应用于(Encoding Scheme for)	无
编码体系修饰词(Encoding Scheme)	无

7.2.4 代理

表 37 代理属性定义

属性名	属性
名称(Name)	Agent
出处(Defined by)	DCMI Metadata Terms: http://purl.org/dc/terms/
标签(Label)	代理
定义(Definition)	有行为或有行为能力的一类资源。
注释(Comment)	是在信息资源的生命周期中发挥某种作用的一个人(个人用户、采访人员、编目员等)、一群人(组织、社团、图书馆、出版社等)或一个自动装置(软件翻译程序等)。 如有必要,可采用附录 A 中有关本元素的其他修饰词。
术语类型(Type of Term)	元素

续表

属性名	属性
修饰(Refines)	无
元素修饰词(Refined by)	agentIdentifier, agentName, agentType, agentRole, linkingEventIdentifier, linkingRightsIdentifier 参见附录 A. 2
编码体系应用于(Encoding Scheme for)	无
编码体系修饰词(Encoding Scheme)	无

7.2.4.1 代理标识符

表 38 代理标识符属性定义

属性名	属性
名称(Name)	agentIdentifier
出处(Defined by)	据 vCard 修订: ftp://ftp.isi.edu/in-notes/rfc2426.txt
标签(Label)	代理标识符
定义(Definition)	唯一识别代理的标识。
注释(Comment)	一般是特定应用系统内具有唯一识别性的标识符号。可由标识应用系统的前缀(即标识符的类型)与一字符串(即标识符的值)组成。可由系统自动产生或由人工赋予。
术语类型(Type of Term)	元素修饰词
修饰(Refines)	Agent
元素修饰词(Refined by)	无
编码体系应用于(Encoding Scheme for)	无
编码体系修饰词(Encoding Scheme)	无

7.2.4.2 代理名称

表 39 代理名称属性定义

属性名	属性
名称(Name)	agentName
出处(Defined by)	据 vCard 修订: ftp://ftp.isi.edu/in-notes/rfc2426.txt
标签(Label)	代理名称
定义(Definition)	代理的名称。
注释(Comment)	可以是个人、团体或自动装置的名称。
术语类型(Type of Term)	元素修饰词
修饰(Refines)	Agent
元素修饰词(Refined by)	无
编码体系应用于(Encoding Scheme for)	无
编码体系修饰词(Encoding Scheme)	无

7.2.4.3 代理类型

表 40 代理类型属性定义

属性名	属性
名称(Name)	agentType
出处(Defined by)	PREMIS：http://www.loc.gov/standards/premis/v1/
标签(Label)	代理类型
定义(Definition)	根据代理的定义对其划分的基本大类。
注释(Comment)	建议建立受控词汇表,规范类型的取值。建议取值:个人、团体、软件。
术语类型(Type of Term)	元素修饰词
修饰(Refines)	Agent
元素修饰词(Refined by)	无
编码体系应用于(Encoding Scheme for)	无
编码体系修饰词(Encoding Scheme)	无

7.2.4.4 职能

表 41 职能属性定义

属性名	属性
名称(Name)	agentRole
出处(Defined by)	据 vCard 修订：ftp://ftp.isi.edu/in-notes/rfc2426.txt
标签(Label)	职能
定义(Definition)	代理与信息资源生命周期中的特定事件相关联的角色。
注释(Comment)	同一代理对应于不同的事件可承担不同的职能。 建议建立受控词汇表,规范类型的取值。建议取值:用户、采集人员、出版者、供应者、评估者、元数据加工员、参考咨询员等。可根据需要加以细分,建议用层次结构表明细分的程度,如:用户．项目负责人。
术语类型(Type of Term)	元素修饰词
修饰(Refines)	Agent
元素修饰词(Refined by)	无
编码体系应用于(Encoding Scheme for)	无
编码体系修饰词(Encoding Scheme)	无

7.2.4.5 事件标识符链接

表 42 事件标识符链接属性定义

属性名	属性
名称(Name)	linkingEventIdentifier
标签(Label)	事件标识符链接
定义(Definition)	将代理与相关的事件相链接的事件标识符。
注释(Comment)	将代理与某一事件相链接,如:编目员套录书目记录,此时其取值应是与“套录”相关的事件标识符的值。参见元素修饰词“事件标识符(eventIdentifier)”。
术语类型(Type of Term)	元素修饰词
修饰(Refines)	Agent
元素修饰词(Refined by)	无
编码体系应用于(Encoding Scheme for)	无
编码体系修饰词(Encoding Scheme)	无

7.2.4.6 权限标识符链接

表 43 权限标识符链接属性定义

属性名	属性
名称(Name)	linkingRightsIdentifier
标签(Label)	权限标识符链接
定义(Definition)	将代理或事件与相关的权限相链接的权限标识符。
注释(Comment)	将代理与某一权限相链接,如:用户享有存取某一信息资源的权限,此时其取值应是与“存取”信息资源相关的权限标识符的值;或将事件与某一权限相链接,如:采访人员与出版商洽谈许可权利条款,此时其取值应是涉及相关许可权利条款的权限标识符的值。参见元素修饰词“权限标识符(rightsIdentifier)”。
术语类型(Type of Term)	元素修饰词
修饰(Refines)	Agent, Event
元素修饰词(Refined by)	无
编码体系应用于(Encoding Scheme for)	无
编码体系修饰词(Encoding Scheme)	无

7.2.5 事件

表 44 事件属性定义

属性名	属性
名称(Name)	Event
出处(Defined by)	FRBR：http://www.ifla.org/VII/s13/frbr/frbr.pdf
标签(Label)	事件
定义(Definition)	一个行动或一件发生的事情。
注释(Comment)	在信息资源的管理过程中，特指与信息资源相关联的行动或事情。
术语类型(Type of Term)	元素
修饰(Refines)	无
元素修饰词(Refined by)	eventIdentifier, eventType, action, actionDateTime, eventDetail, linkingInfoResourceIdentifier, linkingRightsIdentifier
编码体系应用于(Encoding Scheme for)	无
编码体系修饰词(Encoding Scheme)	无

7.2.5.1 事件标识符

表 45 事件标识符属性定义

属性名	属性
名称(Name)	eventIdentifier
出处(Defined by)	PREMIS：http://www.loc.gov/standards/premis/v1/
标签(Label)	事件标识符
定义(Definition)	唯一识别事件的标识。
注释(Comment)	一般是特定应用系统内具有唯一识别性的标识符号。可由标识应用系统的前缀(即标识符的类型)与一字符串(即标识符的值)组成。可由系统自动产生或由人工赋予。
术语类型(Type of Term)	元素修饰词
修饰(Refines)	Event
元素修饰词(Refined by)	无
编码体系应用于(Encoding Scheme for)	无
编码体系修饰词(Encoding Scheme)	无

7.2.5.2 事件类型

表 46 事件类型属性定义

属性名	属性
名称(Name)	eventType
出处(Defined by)	PREMIS: http://www.loc.gov/standards/premis/v1/
标签(Label)	事件类型
定义(Definition)	根据信息资源生命周期的基本阶段对事件划分的大类。
注释(Comment)	常见的类型有:采集、数字化、元数据加工、阅览、外借、馆际互借、查新、参考咨询、检索、资源传递。建议建立受控词汇表,规范类型的取值。
术语类型(Type of Term)	元素修饰词
修饰(Refines)	Event
元素修饰词(Refined by)	无
编码体系应用于(Encoding Scheme for)	无
编码体系修饰词(Encoding Scheme)	无

7.2.5.3 操作

表 47 操作属性定义

属性名	属性
名称(Name)	action
标签(Label)	操作
定义(Definition)	一个事件中有特定意义的细分的行动。
注释(Comment)	常见的操作有:资源选择、资源评估、资源供应,原始编目、套录、扫描、查询、创建、复制、修改、删除、合并等。建议建立受控词汇表或代码表,规范操作的取值。 可与"操作权限(actionRights)"采用相同的词汇或代码。 根据实际应用的需求对操作的细化程度作出规定。建议用层次表明细化的程度,如:原始编目 . 修改。
术语类型(Type of Term)	元素修饰词
修饰(Refines)	Event
元素修饰词(Refined by)	无
编码体系应用于(Encoding Scheme for)	无
编码体系修饰词(Encoding Scheme)	无

7.2.5.4 操作日期时间

表 48 操作日期时间属性定义

属性名	属性
名称(Name)	actionDateTime
标签(Label)	操作日期时间
定义(Definition)	操作发生的日期时间或日期时间的范围。
注释(Comment)	日期时间的表达采用 GB/T 7408,或其他可转换成 GB/T 7408 的表达方式。如:1994－11－05T08:15:30＋08:00:00[1994 年 11 月 5 日北京时间 16 时 15 分 30 秒]。
术语类型(Type of Term)	元素修饰词
修饰(Refines)	Event
元素修饰词(Refined by)	无
编码体系应用于(Encoding Scheme for)	无
编码体系修饰词(Encoding Scheme)	GB/T 7408 等

7.2.5.5 事件细节

表 49 事件细节属性定义

属性名	属性
名称(Name)	eventDetail
出处(Defined by)	PREMIS: http://www.loc.gov/standards/premis/v1/
标签(Label)	事件细节
定义(Definition)	关于事件的其他补充说明。
注释(Comment)	凡无法用事件的其他修饰词来描述,而认为有必要说明的细节,可用本修饰词,如:操作的目的、操作的结果。
术语类型(Type of Term)	元素修饰词
修饰(Refines)	Event
元素修饰词(Refined by)	无
编码体系应用于(Encoding Scheme for)	无
编码体系修饰词(Encoding Scheme)	无

7.2.5.6 信息资源标识符链接

表 50 信息资源标识符链接属性定义

属性名	属性
名称(Name)	linkingInfoResourceIdentifier
标签(Label)	信息资源标识符链接
定义(Definition)	将事件与其作用的信息资源相链接的信息资源标识符。

续表

属性名	属性
注释(Comment)	将事件与某一信息资源相链接,如:编目员套录书目记录,此时其取值应是被套录书目记录的信息资源标识符的值。参见元素修饰词"信息资源标识符(infoResourceIdentifier)"。
术语类型(Type of Term)	元素修饰词
修饰(Refines)	Event
元素修饰词(Refined by)	无
编码体系应用于(Encoding Scheme for)	无
编码体系修饰词(Encoding Scheme)	无

7.2.5.7 权限标识符链接

表 51 权限标识符链接属性定义

属性名	属性
名称(Name)	linkingRightsIdentifier
标签(Label)	权限标识符链接
定义(Definition)	将代理或事件与相关的权限相链接的权限标识符。
注释(Comment)	将代理与某一权限相链接,如:用户享有存取某一信息资源的权限,此时其取值应是与"存取"信息资源相关的权限标识符的值;或将事件与某一权限相链接,如:采访人员与出版商洽谈许可权利条款,此时其取值应是涉及相关许可权利条款的权限标识符的值。参见元素修饰词"权限标识符(rightsIdentifier)"。
术语类型(Type of Term)	元素修饰词
修饰(Refines)	Agent, Event
元素修饰词(Refined by)	无
编码体系应用于(Encoding Scheme for)	无
编码体系修饰词(Encoding Scheme)	无

7.2.6 政策

表 52 政策属性定义

属性名	属性
名称(Name)	Policy
出处(Defined by)	DCMI Metadata Terms: http://purl.org/dc/terms/
标签(Label)	政策
定义(Definition)	权威部门旨在影响和确定决议、行动与其他事项的计划或行动方针。

续表

属性名	属性
注释(Comment)	是为实现信息资源管理的特定任务而规定的行动准则。只著录与所描述的主要信息资源[详见修饰词“主次标记(primaryIndicator)”]相关的政策条款。 建议采用附录A中有关本元素的修饰词。也可根据《框架》的扩展原则，对本元素进行扩展。 如需执行政策确定的控制机制，可由本元素链接相关的管理政策控制机制，如链接特定的通用或自行设计的管理政策元数据描述语言。
术语类型(Type of Term)	元素
修饰(Refines)	无
元素修饰词(Refined by)	参见附录A.3
编码体系应用于(Encoding Scheme for)	无
编码体系修饰词(Encoding Scheme)	无

7.2.7 合同

表53 合同属性定义

属性名	属性
名称(Name)	Contract
标签(Label)	合同
定义(Definition)	用户或其他机构与信息服务机构之间订立的有关权利关系的协议。
注释(Comment)	只著录与所描述的主要信息资源[详见修饰词“主次标记(primaryIndicator)”]相关的合同信息。 合同中涉及的权利、要求等在“政策”、“加工请求”、“服务请求”等相关元素中描述。
术语类型(Type of Term)	元素
修饰(Refines)	无
元素修饰词(Refined by)	contractNumber, contractInformation, contractPeriod
编码体系应用于(Encoding Scheme for)	无
编码体系修饰词(Encoding Scheme)	无

7.2.7.1 合同号

表54 合同号属性定义

属性名	属性
名称(Name)	contractNumber
标签(Label)	合同号
定义(Definition)	合同的编号。
注释(Comment)	合同号一般由合同的制订或管理部门确定。

续表

属性名	属性
术语类型(Type of Term)	元素修饰词
修饰(Refines)	Contract
元素修饰词(Refined by)	无
编码体系应用于(Encoding Scheme for)	无
编码体系修饰词(Encoding Scheme)	无

7.2.7.2 合同信息

表 55 合同信息属性定义

属性名	属性
名称(Name)	contractInfo
标签(Label)	合同信息
定义(Definition)	订立合同的目的及其涉及的对象。
注释(Comment)	用简明扼要的语言描述合同信息。如:制作剪报:北京中小型民营企业投资。
术语类型(Type of Term)	元素修饰词
修饰(Refines)	Contract
元素修饰词(Refined by)	无
编码体系应用于(Encoding Scheme for)	无
编码体系修饰词(Encoding Scheme)	无

7.2.7.3 合同期限

表 56 合同期限属性定义

属性名	属性
名称(Name)	contractPeriod
标签(Label)	合同期限
定义(Definition)	合同的执行期限。
注释(Comment)	期限的表达采用 GB/T 7408,或采用其他可转换成 GB/T 7408 的表达方式。如:2004-04-15/2005-04-15。
术语类型(Type of Term)	元素修饰词
修饰(Refines)	Contract
元素修饰词(Refined by)	无
编码体系应用于(Encoding Scheme for)	无
编码体系修饰词(Encoding Scheme)	GB/T 7408 等

7.2.8 单据

表 57 单据属性定义

属性名	属性
名称(Name)	Bills
标签(Label)	单据
定义(Definition)	与信息资源的采集、收付或提取等活动相关的凭证。
注释(Comment)	只著录与所描述的主要信息资源[详见修饰词“主次标记(primaryIndicator)”]相关的单据信息。 与单据有关的行为,参见元素“事件”的相关修饰词。
术语类型(Type of Term)	元素
修饰(Refines)	无
元素修饰词(Refined by)	billsType, billsItem, billsNumber, sumOfMoney, billsNote
编码体系应用于(Encoding Scheme for)	无
编码体系修饰词(Encoding Scheme)	无

7.2.8.1 单据类型

表 58 单据类型属性定义

属性名	属性
名称(Name)	billsType
标签(Label)	单据类型
定义(Definition)	单据的种类。
注释(Comment)	常用的单据类型有:订单、发票、索书单、数字化加工单据、馆际互借单据等。
术语类型(Type of Term)	元素修饰词
修饰(Refines)	Bills
元素修饰词(Refined by)	无
编码体系应用于(Encoding Scheme for)	无
编码体系修饰词(Encoding Scheme)	无

7.2.8.2 单据项目

表 59 单据项目属性定义

属性名	属性
名称(Name)	billsItem
标签(Label)	单据项目
定义(Definition)	单据所涉及的采集、收付、提取加工等的对象。

续表

属性名	属性
注释(Comment)	用简明规范的语言描述采集、收付、提取加工等的对象。如:拓片、中文图书、西文期刊、电子期刊。采集、收付、提取加工等对象的具体细节与购买情况,如信息资源的题名、责任者、出版商、单价、数量等,通过元素"信息资源"的有关修饰词反映。
术语类型(Type of Term)	元素修饰词
修饰(Refines)	Bills
元素修饰词(Refined by)	无
编码体系应用于(Encoding Scheme for)	无
编码体系修饰词(Encoding Scheme)	无

7.2.8.3 单据编号

表 60 单据编号属性定义

属性名	属性
名称(Name)	billsNumber
标签(Label)	单据编号
定义(Definition)	单据的编号。
注释(Comment)	一般由单据的管理部门确定。
术语类型(Type of Term)	元素修饰词
修饰(Refines)	Bills
元素修饰词(Refined by)	无
编码体系应用于(Encoding Scheme for)	无
编码体系修饰词(Encoding Scheme)	无

7.2.8.4 金额

表 61 金额属性定义

属性名	属性
名称(Name)	moneyPaid
标签(Label)	金额
定义(Definition)	信息服务机构为采集、提取加工等的信息资源支付的金额。
注释(Comment)	参见元素"信息资源"的修饰词"价格"及其修饰词。订单的金额可能与信息资源的报价相同;发票的金额一般是信息资源成交后实际支付的金额;资源加工、服务项目的金额一般是该单据内所包含的资源加工、服务项目应支付的费用或获得的报酬。
术语类型(Type of Term)	元素修饰词
修饰(Refines)	Bills

续表

属性名	属性
元素修饰词(Refined by)	typeOfMoneyPaid，amountOfMoneyPaid
编码体系应用于(Encoding Scheme for)	无
编码体系修饰词(Encoding Scheme)	无

7.2.8.4.1 金额类型

表 62 金额类型属性定义

属性名	属性
名称(Name)	typeOfMoneyPaid
标签(Label)	金额类型
定义(Definition)	单据中所涉及的信息资源采集、加工、服务项目的金额的类型。
注释(Comment)	常见的金额类型有:余额、实际金额、预算金额等。
术语类型(Type of Term)	元素修饰词
修饰(Refines)	moneyPaid
元素修饰词(Refined by)	无
编码体系应用于(Encoding Scheme for)	无
编码体系修饰词(Encoding Scheme)	无

7.2.8.4.2 金额数

表 63 金额数属性定义

属性名	属性
名称(Name)	amountOfMoneyPaid
标签(Label)	金额数
定义(Definition)	单据中信息资源采集、加工、服务项目所涉及的金额数值。
注释(Comment)	按照单据项目所涉及的不同金额类型,可以是信息资源采集或加工、服务内容的单价数,也可以是单据所包含的所有信息资源采集或加工、服务内容的总价数。 金额单位的表达采用 GB/T 12406—2008 规定的货币代码,如:USD(美元)、CNY(人民币元)、EUR(欧元)。
术语类型(Type of Term)	元素修饰词
修饰(Refines)	moneyPaid
元素修饰词(Refined by)	无
编码体系应用于(Encoding Scheme for)	无
编码体系修饰词(Encoding Scheme)	无

7.2.8.5 单据说明

表 64 单据说明属性定义

属性名	属性
名称(Name)	billsNote
标签(Label)	单据说明
定义(Definition)	关于单据的其他补充说明。
注释(Comment)	凡无法用单据的其他修饰词来描述,而认为有必要说明的事项,可用本修饰词,如:订购或发货的项目、数量等是否符合要求,信息资源提取单据内容是否与实物对应,是否加以修正等。
术语类型(Type of Term)	元素修饰词
修饰(Refines)	Bills
元素修饰词(Refined by)	无
编码体系应用于(Encoding Scheme for)	无
编码体系修饰词(Encoding Scheme)	无

7.2.9 评估结果

表 65 评估结果属性定义

属性名	属性
名称(Name)	EvaluationLabel
标签(Label)	评估结果
定义(Definition)	根据特定的评估体系对信息资源及服务的适用性及价值作出的鉴别评定结论。
注释(Comment)	只著录与所描述的主要信息资源[详见修饰词“主次标记(primaryIndicator)”]及其服务相关的评估结果。 一般是对信息资源及服务评定的级别,譬如用代码表示:A、B、C;或用文字表示:研究级、学习级(对资源);满意、不满意(对服务)。 本元数据框架未涉及评估体系的建立。可通过“政策(Policy)”的扩展修饰词“规则(rules)”封装或链接相关的评估体系。
术语类型(Type of Term)	元素
修饰(Refines)	无
元素修饰词(Refined by)	无
编码体系应用于(Encoding Scheme for)	无
编码体系修饰词(Encoding Scheme)	无

7.2.10 保存信息

表 66 保存信息属性定义

属性名	属性
名称(Name)	PreservationInfo
标签(Label)	保存信息
定义(Definition)	有关数字信息资源长期保存的信息。
注释(Comment)	只著录与所描述的主要信息资源[详见修饰词"主次标记(primaryIndicator)"]相关的保存信息。 建议采用修饰词"链接(link)",链接通行的保存元数据。
术语类型(Type of Term)	元素
修饰(Refines)	无
元素修饰词(Refined by)	无
编码体系应用于(Encoding Scheme for)	无
编码体系修饰词(Encoding Scheme)	无

7.2.11 通用修饰词

7.2.11.1 封装

表 67 封装属性定义

属性名	属性
名称(Name)	wrap
出处(Defined by)	据 METS 修订:http://www.loc.gov/standards/mets/version16/mets.v1-6.xsd
标签(Label)	封装
定义(Definition)	用于嵌入一个标准或通用格式元数据的通用元素修饰词。
注释(Comment)	根据需要在一个元素或元素修饰词下嵌入一个标准或通用格式的元数据的数据项或其他语义单位。譬如元素"信息资源(InfoResource)"嵌入 DC 或 MARC 的数据项或其他语义单位,元素"权限(Rights)"嵌入 ODRL 的数据项或其他语义单位,元素"评估结果(EvaluationLabel)"嵌入 PICS 的数据项或其他语义单位,元素"服务请求(ServiceRequest)"嵌入 PIDL 的数据项或其他语义单位。 嵌入的元数据可以用 XML 编码,也可以用 Base64 编码。
术语类型(Type of Term)	元素修饰词
修饰(Refines)	任何元素或元素修饰词
元素修饰词(Refined by)	xmlData, binData
编码体系应用于(Encoding Scheme for)	无
编码体系修饰词(Encoding Scheme)	DC, CNMARC, MARC21, ODRL, PICS, PIDL, XACL, METSRights 等

7.2.11.1.1 XML 数据

表 68 XML 数据属性定义

属性名	属性
名称(Name)	xmlData
出处(Defined by)	METS：http://www.loc.gov/standards/mets/version16/mets.v1-6.xsd
标签(Label)	XML 数据
定义(Definition)	用于嵌入一个 XML 编码元数据的封装元素修饰词。
注释(Comment)	
术语类型(Type of Term)	元素修饰词
修饰(Refines)	wrap
元素修饰词(Refined by)	无
编码体系应用于(Encoding Scheme for)	无
编码体系修饰词(Encoding Scheme)	无

7.2.11.1.2 二进制数据

表 69 二进制数据属性定义

属性名	属性
名称(Name)	binData
出处(Defined by)	METS：http://www.loc.gov/standards/mets/version16/mets.v1-6.xsd
标签(Label)	二进制数据
定义(Definition)	用于嵌入一个 Base64 编码元数据的封装元素修饰词。
注释(Comment)	
术语类型(Type of Term)	元素修饰词
修饰(Refines)	wrap
元素修饰词(Refined by)	无
编码体系应用于(Encoding Scheme for)	无
编码体系修饰词(Encoding Scheme)	无

7.2.11.2 链接

表 70 链接属性定义

属性名	属性
名称(Name)	link
标签(Label)	链接
定义(Definition)	用于链接一个外部数据源的通用元素修饰词。

续表

属性名	属性
注释(Comment)	通常链接一个外部数据源的唯一标识符,如:URL、DOI。可用于元素"信息资源(InfoResource)"、"政策(Policy)"、"合同(Contract)"、"保存信息(PreservationInfo)"与修饰词"技术信息(technicalInfo)"等,链接相应的外部信息源,如:元数据,数字化的政策或合同文本,存档的咨询档案等。 若外部数据源为非存档的元数据文件(如批处理的 MARC 记录),则可以文件名为链接标识,应用系统应保证管理元数据通过相应的记录标识与文件中的记录相链接。
术语类型(Type of Term)	元素修饰词
修饰(Refines)	任何元素或元素修饰词
元素修饰词(Refined by)	无
编码体系应用于(Encoding Scheme for)	无
编码体系修饰词(Encoding Scheme)	URI,DOI 等

7.3 专用元素

[采集模块]

7.3.1 采集来源

表 71 采集来源属性定义

属性名	属性
名称(Name)	AcquisitionSource
标签(Label)	采集来源
定义(Definition)	可以采集到信息资源的来源。
注释(Comment)	只著录与所描述的主要信息资源[详见修饰词"主次标记(primaryIndicator)"]相关的采集来源。 常见的采集来源有:出版商、代理商、集成商、书店等。
术语类型(Type of Term)	元素
修饰(Refines)	无
元素修饰词(Refined by)	无
编码体系应用于(Encoding Scheme for)	无
编码体系修饰词(Encoding Scheme)	无

7.3.2 采集方式

表 72 采集方式属性定义

属性名	属性
名称(Name)	AcquisitionApproach
标签(Label)	采集方式
定义(Definition)	采集某类信息资源的途径。
注释(Comment)	常见的采集途径包括:购买、许可授权、数字化转换、受赠、交换、网络信息采集等。购买和许可授权又可分成集团采集与单馆采集两种形式。
术语类型(Type of Term)	元素
修饰(Refines)	无
元素修饰词(Refined by)	无
编码体系应用于(Encoding Scheme for)	无
编码体系修饰词(Encoding Scheme)	无

7.3.3 采集决定

表 73 采集决定属性定义

属性名	属性
名称(Name)	AcquisitionDecision
标签(Label)	采集决定
定义(Definition)	对是否采集某信息资源所作出的决定。
注释(Comment)	只著录与所描述的主要信息资源[详见修饰词"主次标记(primaryIndicator)"]相关的采集决定。 采集决定一般有:接受、拒绝、暂存、通知、试用等。
术语类型(Type of Term)	元素
修饰(Refines)	无
元素修饰词(Refined by)	无
编码体系应用于(Encoding Scheme for)	无
编码体系修饰词(Encoding Scheme)	无

[加工模块]

7.3.4 加工请求

表 74 加工请求属性定义

属性名	属性
名称(Name)	ProcessingRequest
标签(Label)	加工请求
定义(Definition)	用户向信息加工机构或信息加工机构向第三方提出的信息资源加工请求。

续表

属性名	属性
注释(Comment)	只著录与所描述的主要信息资源[详见修饰词"主次标记(primaryIndicator)"]相关的加工请求。
术语类型(Type of Term)	元素
修饰(Refines)	无
元素修饰词(Refined by)	processingItem, processingItemNumber, processingRequirements
编码体系应用于(Encoding Scheme for)	无
编码体系修饰词(Encoding Scheme)	无

7.3.4.1 加工项目

表75 加工项目属性定义

属性名	属性
名称(Name)	processingItem
标签(Label)	加工项目
定义(Definition)	信息资源加工项目的基本类型。
注释(Comment)	例如:地方志的数字化加工。建议与"信息资源类型(infoResourceType)"以及"事件类型(eventType)"采用相同的词汇或代码,并通过两者组配的形式表示具体的加工项目,如:地方志．数字化。
术语类型(Type of Term)	元素修饰词
修饰(Refines)	ProcessingRequest
元素修饰词(Refined by)	无
编码体系应用于(Encoding Scheme for)	无
编码体系修饰词(Encoding Scheme)	无

7.3.4.2 加工项目编号

表76 加工项目编号属性定义

属性名	属性
名称(Name)	processingItemNumber
标签(Label)	加工项目编号
定义(Definition)	信息加工部门为管理信息加工项目而为其确定的编号。
注释(Comment)	
术语类型(Type of Term)	元素修饰词
修饰(Refines)	ProcessingRequest
元素修饰词(Refined by)	无
编码体系应用于(Encoding Scheme for)	无
编码体系修饰词(Encoding Scheme)	无

7.3.4.3 加工要求

表 77 加工要求属性定义

属性名	属性
名称(Name)	processingRequirements
标签(Label)	加工要求
定义(Definition)	加工要求的形式化描述。
注释(Comment)	用形式化语言,具体描述信息资源加工请求所需达到目标。
术语类型(Type of Term)	元素修饰词
修饰(Refines)	ProcessingRequest
元素修饰词(Refined by)	无
编码体系应用于(Encoding Scheme for)	无
编码体系修饰词(Encoding Scheme)	无

[服务模块]

7.3.5 服务请求

表 78 服务请求属性定义

属性名	属性
名称(Name)	ServiceRequest
标签(Label)	服务请求
定义(Definition)	用户向信息服务机构或信息服务机构向第三方提出的希望获取的服务。
注释(Comment)	只著录与所描述的主要信息资源[详见修饰词“主次标记(primaryIndicator)”]相关的服务请求。
术语类型(Type of Term)	元素
修饰(Refines)	无
元素修饰词(Refined by)	serviceItem, serviceItemNumber, problemDescription, serviceRequirements
编码体系应用于(Encoding Scheme for)	无
编码体系修饰词(Encoding Scheme)	无

7.3.5.1 服务项目

表 79 服务项目属性定义

属性名	属性
名称(Name)	serviceItem
标签(Label)	服务项目
定义(Definition)	信息服务的基本类目。
注释(Comment)	常见的服务项目包括:外借、馆际互借、信息检索、资源传递、查新等。建议建立受控词汇表,规范服务项目的取值。

续表

属性名	属性
术语类型(Type of Term)	元素修饰词
修饰(Refines)	ServiceRequest
元素修饰词(Refined by)	无
编码体系应用于(Encoding Scheme for)	无
编码体系修饰词(Encoding Scheme)	无

7.3.5.2 服务项目编号

表 80 服务项目编号属性定义

属性名	属性
名称(Name)	serviceItemNumber
标签(Label)	服务项目编号
定义(Definition)	信息服务部门为管理服务请求而为其确定的编号。
注释(Comment)	
术语类型(Type of Term)	元素修饰词
修饰(Refines)	ServiceRequest
元素修饰词(Refined by)	无
编码体系应用于(Encoding Scheme for)	无
编码体系修饰词(Encoding Scheme)	无

7.3.5.3 问题描述

表 81 问题描述属性定义

属性名	属性
名称(Name)	problemDescription
标签(Label)	问题描述
定义(Definition)	服务请求中相关问题的形式化描述。
注释(Comment)	常见的问题描述包括:文献检索的对象及其检索词或检索表达式,查新的课题及其检索词或检索表达式等。
术语类型(Type of Term)	元素修饰词
修饰(Refines)	ServiceRequest
元素修饰词(Refined by)	无
编码体系应用于(Encoding Scheme for)	无
编码体系修饰词(Encoding Scheme)	无

7.3.5.4 服务要求

表 82 服务要求属性定义

属性名	属性
名称(Name)	serviceRequirements
标签(Label)	服务要求
定义(Definition)	服务要求的形式化描述。
注释(Comment)	对服务请求所需达到目标的具体描述。服务要求一般包括:提供信息的格式要求、更新周期、过滤筛选等。
术语类型(Type of Term)	元素修饰词
修饰(Refines)	ServiceRequest
元素修饰词(Refined by)	无
编码体系应用于(Encoding Scheme for)	无
编码体系修饰词(Encoding Scheme)	无

7.3.6 服务方式

表 83 服务方式属性定义

属性名	属性
名称(Name)	ServiceMode
标签(Label)	服务方式
定义(Definition)	信息服务机构提供服务的形式或方法。
注释(Comment)	
术语类型(Type of Term)	元素
修饰(Refines)	无
元素修饰词(Refined by)	deliveryMode, accessMode
编码体系应用于(Encoding Scheme for)	无
编码体系修饰词(Encoding Scheme)	无

7.3.6.1 传输方式

表 84 传输方式属性定义

属性名	属性
名称(Name)	deliveryMode
标签(Label)	传输方式
定义(Definition)	信息服务机构向用户或第三方向信息服务机构传递所需信息资源的方式。
注释(Comment)	常见的传输方式包括:邮资预付、挂号邮寄、电子邮件(email)等。
术语类型(Type of Term)	元素修饰词

续表

属性名	属性
修饰(Refines)	ServiceMode
元素修饰词(Refined by)	无
编码体系应用于(Encoding Scheme for)	无
编码体系修饰词(Encoding Scheme)	无

7.3.6.2 存取方式

表 85 存取方式属性定义

属性名	属性
名称(Name)	accessMode
标签(Label)	存取方式
定义(Definition)	用户存取信息资源的方式。
注释(Comment)	常见的存取方式包括:元数据链接、远程访问、本地镜像、异地镜像、专线等。
术语类型(Type of Term)	元素修饰词
修饰(Refines)	ServiceMode
元素修饰词(Refined by)	无
编码体系应用于(Encoding Scheme for)	无
编码体系修饰词(Encoding Scheme)	无

7.4 编码体系修饰词

注:以下所列编码体系修饰词并未穷尽必需的编码体系,使用者可根据需要增加规范化的或通行的编码体系。

7.4.1 CNMARC

表 86 CNMARC 属性定义

属性名	属性
名称(Name)	CNMARC
出处(Defined by)	国家图书馆编．新版中国机读目录格式使用手册．2004
标签(Label)	CNMARC
定义(Definition)	基于 UNIMARC 的中国机读目录格式。
注释(Comment)	
术语类型(Type of Term)	编码体系修饰词
修饰(Refines)	无
元素修饰词(Refined by)	无
编码体系应用于(Encoding Scheme for)	wrap
编码体系修饰词(Encoding Scheme)	无

7.4.2 DC

表 87 DC 属性定义

属性名	属性
名称(Name)	DC
出处(Defined by)	DCMI Metadata Terms：http://dublincore.org/documents/dcmi-terms/
标签(Label)	DC
定义(Definition)	都柏林核心元数据集。
注释(Comment)	
术语类型(Type of Term)	编码体系修饰词
修饰(Refines)	无
元素修饰词(Refined by)	无
编码体系应用于(Encoding Scheme for)	wrap
编码体系修饰词(Encoding Scheme)	无

7.4.3 DCMI 类型词汇表

表 88 DCMI 属性定义

属性名	属性
名称(Name)	DCMIType
出处(Defined by)	DCMI Metadata Terms：http://purl.org/dc/terms/
标签(Label)	DCMI 类型词汇表
定义(Definition)	用来对资源内容的属性和种类进行分类的类型列表。
注释(Comment)	
术语类型(Type of Term)	编码体系修饰词
修饰(Refines)	无
元素修饰词(Refined by)	无
编码体系应用于(Encoding Scheme for)	infoResourceType
编码体系修饰词(Encoding Scheme)	无

7.4.4 DOI

表 89 DOI 属性定义

属性名	属性
名称(Name)	DOI
出处(Defined by)	DOI：http://www.doi.org/
标签(Label)	DOI
定义(Definition)	由国际 DOI 基金会(International DOI Foundation)管理的数字对象标识符体系。

续表

属性名	属性
注释(Comment)	
术语类型(Type of Term)	编码体系修饰词
修饰(Refines)	无
元素修饰词(Refined by)	无
编码体系应用于(Encoding Scheme for)	link
编码体系修饰词(Encoding Scheme)	无

7.4.5 GB/T 7408

表 90 GB/T 7408 属性定义

属性名	属性
名称(Name)	GB/T 7408
出处(Defined by)	ISO 8601: http://www.w3.org/TR/NOTE-datetime
标签(Label)	GB/T 7408
定义(Definition)	GB/T 7408 日期和时间表示法,等同采用 ISO 8601。W3C 据 ISO 8601 制订了日期与时间的编码规则。
注释(Comment)	
术语类型(Type of Term)	编码体系修饰词
修饰(Refines)	无
元素修饰词(Refined by)	无
编码体系应用于(Encoding Scheme for)	dateCopyrighted, termOfLicense, actionDateTime, serviceTime, contractPeriod
编码体系修饰词(Encoding Scheme)	无

7.4.6 IMT

表 91 IMT 属性定义

属性名	属性
名称(Name)	IMT
出处(Defined by)	IMT: http://www.iana.org/assignments/media-types/
标签(Label)	IMT
定义(Definition)	由互联网编号分配机构(Internet Assigned Numbers Authority,IANA)规定的互联网资源媒体类型。
注释(Comment)	
术语类型(Type of Term)	编码体系修饰词
修饰(Refines)	无
元素修饰词(Refined by)	无
编码体系应用于(Encoding Scheme for)	format
编码体系修饰词(Encoding Scheme)	无

7.4.7 GB/T 12406—2008

表 92 GB/T 12406—2008 属性定义

属性名	属性
名称(Name)	GB/T 12406—2008
出处(Defined by)	GB/T 12406—2008：http://www.sac.gov.cn/
标签(Label)	GB/T 12406—2008
定义(Definition)	GB/T 12406—2008 表示货币和资金的代码。
注释(Comment)	
术语类型(Type of Term)	编码体系修饰词
修饰(Refines)	无
元素修饰词(Refined by)	无
编码体系应用于(Encoding Scheme for)	currency，localCurrency
编码体系修饰词(Encoding Scheme)	无

7.4.8 MARC21

表 93 MARC21 属性定义

属性名	属性
名称(Name)	MARC21
出处(Defined by)	MARC21：http://www.loc.gov/marc/bibliographic/lite/
标签(Label)	MARC21
定义(Definition)	由 UKMARC、USMARC 和 CNMARC 整合协调而成的机读目录格式。
注释(Comment)	
术语类型(Type of Term)	编码体系修饰词
修饰(Refines)	无
元素修饰词(Refined by)	无
编码体系应用于(Encoding Scheme for)	wrap
编码体系修饰词(Encoding Scheme)	无

7.4.9 METSRights

表 94 METSRights 属性定义

属性名	属性
名称(Name)	METSRights
出处(Defined by)	METSRights：http://cosimo.stanford.edu/sdr/metsrights.xsd
标签(Label)	METSRights
定义(Definition)	METS(Metadata Encoding and Transmission Standard)的权限元数据扩展。
注释(Comment)	

续表

属性名	属性
术语类型(Type of Term)	编码体系修饰词
修饰(Refines)	无
元素修饰词(Refined by)	无
编码体系应用于(Encoding Scheme for)	wrap
编码体系修饰词(Encoding Scheme)	无

7.4.10 ODRL

表 95 ODRL 属性定义

属性名	属性
名称(Name)	ODRL
出处(Defined by)	ODRL：http://odrl. net/1. 1/ODRL-11. pdf
标签(Label)	ODRL
定义(Definition)	开放数字权利语言。
注释(Comment)	
术语类型(Type of Term)	编码体系修饰词
修饰(Refines)	无
元素修饰词(Refined by)	无
编码体系应用于(Encoding Scheme for)	wrap
编码体系修饰词(Encoding Scheme)	无

7.4.11 PICS

表 96 PICS 属性定义

属性名	属性
名称(Name)	PICS
出处(Defined by)	PICS：http://www. w3. org/PICS/
标签(Label)	PICS
定义(Definition)	W3C 的互联网资源内容选择平台。
注释(Comment)	
术语类型(Type of Term)	编码体系修饰词
修饰(Refines)	无
元素修饰词(Refined by)	无
编码体系应用于(Encoding Scheme for)	wrap
编码体系修饰词(Encoding Scheme)	无

7.4.12 PIDL

表 97 PIDL 属性定义

属性名	属性
名称(Name)	PIDL
出处(Defined by)	PIDL：http://www.w3.org/TR/NOTE-PIDL
标签(Label)	PIDL
定义(Definition)	W3C 的个性化信息描述语言。
注释(Comment)	
术语类型(Type of Term)	编码体系修饰词
修饰(Refines)	无
元素修饰词(Refined by)	无
编码体系应用于(Encoding Scheme for)	wrap
编码体系修饰词(Encoding Scheme)	无

7.4.13 UNIMARC

表 98 UNIMARC 属性定义

属性名	属性
名称(Name)	UNIMARC
出处(Defined by)	UNIMARC：http://www.ifla.org/VI/3/p1996-1/sec-uni.htm
标签(Label)	UNIMARC
定义(Definition)	国际图联的通用机读目录格式。
注释(Comment)	
术语类型(Type of Term)	编码体系修饰词
修饰(Refines)	无
元素修饰词(Refined by)	无
编码体系应用于(Encoding Scheme for)	wrap
编码体系修饰词(Encoding Scheme)	无

7.4.14 URI

表 99 URI 属性定义

属性名	属性
名称(Name)	URI
出处(Defined by)	URI：http://www.ietf.org/rfc/rfc3986.txt
标签(Label)	URI
定义(Definition)	根据互联网工程工作小组(Internet Engineering Task Force)规定的统一资源标识符(Uniform Resource Identifier, URI)通用句法来构造的标识符集合。

续表

属性名	属性
注释(Comment)	
术语类型(Type of Term)	编码体系修饰词
修饰(Refines)	无
元素修饰词(Refined by)	无
编码体系应用于(Encoding Scheme for)	copyrightHolder, link, source
编码体系修饰词(Encoding Scheme)	无

7.4.15 XACL

表 100 URI 属性定义

属性名	属性
名称(Name)	XACL
出处(Defined by)	XACL: http://www.trl.ibm.com/projects/xml/xacl/xacl-spec.html
标签(Label)	XACL
定义(Definition)	XML 访问控制语言。
注释(Comment)	
术语类型(Type of Term)	编码体系修饰词
修饰(Refines)	无
元素修饰词(Refined by)	无
编码体系应用于(Encoding Scheme for)	wrap
编码体系修饰词(Encoding Scheme)	无

8 管理元数据的描述语言与语法结构

本标准的管理元数据框架采用 XML 语言及其相关的语法结构作为元数据编码语言,并作为相关应用系统的对外数据接口。管理元数据框架的 XML 格式语法定义方法采用 RDF Schema[8]。

根据框架的数据模型,并参照 RDF Schema,本框架的元素(除标识符"identifier")与编码体系修饰词都定义为"类"(Class),修饰词(除编码体系修饰词)都定义为"属性"(Property)。属性的"定义域"(domain)一般为其限定的元素,而作为"属性"的管理元数据记录的标识符 identifier,它的定义域应为 RDF 的 Resource;属性的"值域"(range),除已在 DCMI Metadata Terms(DCMI 元数据术语集)[9]中定义的,其余根据本框架的默认值,定义为字符串。

附录 A
（规范性附录）
扩展的修饰词
［通用元素］

A.1 ［信息资源］［技术信息］

A.1.1 格式

表 A.1 格式属性定义

属性名	属性
名称(Name)	format
出处(Defined by)	DCMI Metadata Terms：http://purl.org/dc/elements/1.1/
标签(Label)	格式
定义(Definition)	信息资源的物理或数字表现形式。
注释(Comment)	一般而言，格式可以包括资源的载体类型或资源的大小，格式元素可以用来决定展示或操作资源所需的软硬件或其他相应设备。例如资源的大小包括资源所占的存储空间或持续时间。建议采用来自于受控词表中的值（例如 Internet 媒体类型［MIME］定义的计算机媒体格式）。
术语类型(Type of Term)	元素修饰词
修饰(Refines)	technicalInfo
元素修饰词(Refined by)	无
编码体系应用于(Encoding Scheme for)	无
编码体系修饰词(Encoding Scheme)	IMT 等

A.1.2 字符集

表 A.2 字符集属性定义

属性名	属性
名称(Name)	characterSet
标签(Label)	字符集
定义(Definition)	信息资源采用的字符集的名称。
注释(Comment)	通常采用的编码标准有：GB 2312、UTF－8、ISO 8859—1 等。
术语类型(Type of Term)	元素修饰词

续表

属性名	属性
修饰(Refines)	technicalInfo
元素修饰词(Refined by)	无
编码体系应用于(Encoding Scheme for)	无
编码体系修饰词(Encoding Scheme)	无

A.1.3 分辨率

表 A.3 分辨率属性定义

属性名	属性
名称(Name)	resolution
标签(Label)	分辨率
定义(Definition)	对图像或文本数据细节的分辨能力。
注释(Comment)	一般表现为每个方向上的像素,如:352×288;也可用每英寸像素(ppi)或每英寸点数(dpi)表示。
术语类型(Type of Term)	元素修饰词
修饰(Refines)	technicalInfo
元素修饰词(Refined by)	无
编码体系应用于(Encoding Scheme for)	无
编码体系修饰词(Encoding Scheme)	无

A.1.4 色彩

表 A.4 色彩属性定义

属性名	属性
名称(Name)	color
标签(Label)	色彩
定义(Definition)	图像或视频数据的颜色模式。
注释(Comment)	常用的色彩有:真彩色、Web 色彩、灰度、黑白等。
术语类型(Type of Term)	元素修饰词
修饰(Refines)	technicalInfo
元素修饰词(Refined by)	无
编码体系应用于(Encoding Scheme for)	无
编码体系修饰词(Encoding Scheme)	无

A.1.5 色彩位深

表 A.5 色彩位深属性定义

属性名	属性
名称(Name)	colorBitDepth
标签(Label)	色彩位深
定义(Definition)	图像采样时所获得的最多颜色种类以及灰度等级,用每个像素点上颜色的数据位(bit)表示。
注释(Comment)	如:2 位、8 位、24 位,或 2-bit、8-bit、24-bit。
术语类型(Type of Term)	元素修饰词
修饰(Refines)	technicalInfo
元素修饰词(Refined by)	无
编码体系应用于(Encoding Scheme for)	无
编码体系修饰词(Encoding Scheme)	无

A.1.6 画面宽高比

表 A.6 画面宽高比属性定义

属性名	属性
名称(Name)	aspectRatio
标签(Label)	画面宽高比
定义(Definition)	图像或视频信号所显示画面的宽与高的比率。
注释(Comment)	如:4:3 或 16:9。
术语类型(Type of Term)	元素修饰词
修饰(Refines)	technicalInfo
元素修饰词(Refined by)	无
编码体系应用于(Encoding Scheme for)	无
编码体系修饰词(Encoding Scheme)	无

A.1.7 采样频率

表 A.7 采样频率属性定义

属性名	属性
名称(Name)	samplingFrequency
标签(Label)	采样频率
定义(Definition)	每秒从连续信号中提取并组成离散信号的采样个数。
注释(Comment)	音频信号采样频率一般分为 22.05KHz、44.1KHz、48KHz 三个等级。
术语类型(Type of Term)	元素修饰词
修饰(Refines)	technicalInfo

续表

属性名	属性
元素修饰词(Refined by)	无
编码体系应用于(Encoding Scheme for)	无
编码体系修饰词(Encoding Scheme)	无

A.1.8 比特率

表 A.8 比特率属性定义

属性名	属性
名称(Name)	bitRate
标签(Label)	比特率
定义(Definition)	单位时间内传送或处理的数据位数。
注释(Comment)	也称为数据速率。用 bps(bit per second)作单位,如:1.5Mbps、4Mbps。
术语类型(Type of Term)	元素修饰词
修饰(Refines)	technicalInfo
元素修饰词(Refined by)	无
编码体系应用于(Encoding Scheme for)	无
编码体系修饰词(Encoding Scheme)	无

A.1.9 通道数

表 A.9 通道数属性定义

属性名	属性
名称(Name)	numberOfChannels
标签(Label)	通道数
定义(Definition)	传播音频信号的声道数。
注释(Comment)	一般有:单声道、立体声、四声道环绕、5.1 声道等。
术语类型(Type of Term)	元素修饰词
修饰(Refines)	technicalInfo
元素修饰词(Refined by)	无
编码体系应用于(Encoding Scheme for)	无
编码体系修饰词(Encoding Scheme)	无

A.1.10 量化精度

表 A.10 量化精度属性定义

属性名	属性
名称(Name)	quantizationPrecision
标签(Label)	量化精度

续表

属性名	属性
定义(Definition)	度量采样后离散信号幅度时的分级数。
注释(Comment)	把采样得到的信号幅度的样本值从模拟量转换成数字量,数字量的二进制位数即量化精度,如:8 位、16 位,或 8-bit、16-bit。
术语类型(Type of Term)	元素修饰词
修饰(Refines)	technicalInfo
元素修饰词(Refined by)	无
编码体系应用于(Encoding Scheme for)	无
编码体系修饰词(Encoding Scheme)	无

A.1.11 视频制式

表 A.11 视频制式属性定义

属性名	属性
名称(Name)	videoSystem
标签(Label)	视频制式
定义(Definition)	彩色电视视频信号传输时所遵循的方法。
注释(Comment)	有三种主要制式:NTSC、PAL、SECAM。
术语类型(Type of Term)	元素修饰词
修饰(Refines)	technicalInfo
元素修饰词(Refined by)	无
编码体系应用于(Encoding Scheme for)	无
编码体系修饰词(Encoding Scheme)	无

A.1.12 采样方式

表 A.12 采样方式属性定义

属性名	属性
名称(Name)	samplingMode
标签(Label)	采样方式
定义(Definition)	对视频或图像信号采样的方式。
注释(Comment)	采样间隔确定后,相邻像素间的位置关系。一般有:< =480 ×576、1920 ×1151 等。
术语类型(Type of Term)	元素修饰词
修饰(Refines)	technicalInfo
元素修饰词(Refined by)	无
编码体系应用于(Encoding Scheme for)	无
编码体系修饰词(Encoding Scheme)	无

A. 1. 13 帧速

表 A. 13 帧速属性定义

属性名	属性
名称(Name)	frameRate
标签(Label)	帧速
定义(Definition)	单位时间内传输的视频画面数量。
注释(Comment)	也可以理解为图形处理器单位时间(每秒钟)能够刷新几次。一般用帧/秒或 fps(frames per second)表示。
术语类型(Type of Term)	元素修饰词
修饰(Refines)	technicalInfo
元素修饰词(Refined by)	无
编码体系应用于(Encoding Scheme for)	无
编码体系修饰词(Encoding Scheme)	无

A. 1. 14 音频设定

表 A. 14 音频设定属性定义

属性名	属性
名称(Name)	audioSetting
标签(Label)	音频设定
定义(Definition)	视频数据中音频信号参数的设置。
注释(Comment)	如:384k、224k。
术语类型(Type of Term)	元素修饰词
修饰(Refines)	technicalInfo
元素修饰词(Refined by)	无
编码体系应用于(Encoding Scheme for)	无
编码体系修饰词(Encoding Scheme)	无

A. 1. 15 音频采样

表 A. 15 音频采样属性定义

属性名	属性
名称(Name)	audioSample
标签(Label)	音频采样
定义(Definition)	视频数据中音频信号的采样方式。
注释(Comment)	如:立体声 48kHz。
术语类型(Type of Term)	元素修饰词
修饰(Refines)	technicalInfo

续表

属性名	属性
元素修饰词(Refined by)	无
编码体系应用于(Encoding Scheme for)	无
编码体系修饰词(Encoding Scheme)	无

A.1.16 压缩

表 A.16 压缩属性定义

属性名	属性
名称(Name)	compression
标签(Label)	压缩
定义(Definition)	以较少的位(或其他信息承载单位)表达原始数据的编码过程。
注释(Comment)	包括压缩方法和压缩率。 常见的图像压缩方法有:无压缩、CCITT 1D、CCITT Group3、CCITT Group4、LZW、JPEG、PackBits 等。
术语类型(Type of Term)	元素修饰词
修饰(Refines)	technicalInfo
元素修饰词(Refined by)	无
编码体系应用于(Encoding Scheme for)	无
编码体系修饰词(Encoding Scheme)	无

A.1.17 加工方式

表 A.17 加工方式属性定义

属性名	属性
名称(Name)	processingMode
标签(Label)	加工方式
定义(Definition)	数字信息资源的加工方式。
注释(Comment)	如:扫描、格式转换等。
术语类型(Type of Term)	元素修饰词
修饰(Refines)	technicalInfo
元素修饰词(Refined by)	无
编码体系应用于(Encoding Scheme for)	无
编码体系修饰词(Encoding Scheme)	无

A.1.18 识别工具

表 A.18 识别工具属性定义

属性名	属性
名称(Name)	identificationTool
标签(Label)	识别工具
定义(Definition)	识别文本资源的软件。
注释(Comment)	常用的文本识别工具有:TH-OCR、FineReader、汉王 OCR SDK、方正锐思文字识别工具等。
术语类型(Type of Term)	元素修饰词
修饰(Refines)	technicalInfo
元素修饰词(Refined by)	无
编码体系应用于(Encoding Scheme for)	无
编码体系修饰词(Encoding Scheme)	无

A.1.19 导入方式

表 A.19 导入方式属性定义

属性名	属性
名称(Name)	importMethod
标签(Label)	导入方式
定义(Definition)	信息资源导入信息系统的方式。
注释(Comment)	常用的导入方式有:电子资源整合系统(如 SmartWeaver)、856 字段链接等。
术语类型(Type of Term)	元素修饰词
修饰(Refines)	technicalInfo
元素修饰词(Refined by)	无
编码体系应用于(Encoding Scheme for)	无
编码体系修饰词(Encoding Scheme)	无

A.1.20 整合方式

表 A.20 整合方式属性定义

属性名	属性
名称(Name)	integrationMode
标签(Label)	整合方式
定义(Definition)	整合信息资源的方式。
注释(Comment)	一般有批量、定时、实时等方式。实践中的整合方式还有通过标准接口(如 Z39.50)、页面分析、建立元数据等方式。

续表

属性名	属性
术语类型(Type of Term)	元素修饰词
修饰(Refines)	technicalInfo
元素修饰词(Refined by)	无
编码体系应用于(Encoding Scheme for)	无
编码体系修饰词(Encoding Scheme)	无

A.1.21 整合标准

表 A.21 整合标准属性定义

属性名	属性
名称(Name)	integrationStandard
标签(Label)	整合标准
定义(Definition)	整合信息资源的协议以及标准方式。
注释(Comment)	如:可通用、可互访的标准格式(如 OpenURL),基于 XML 的能自我描述的统一定义,简单对象访问协议(SOAP),以及 Z39.50、ZING、XMLGate way 等协议。
术语类型(Type of Term)	元素修饰词
修饰(Refines)	technicalInfo
元素修饰词(Refined by)	无
编码体系应用于(Encoding Scheme for)	无
编码体系修饰词(Encoding Scheme)	无

A.1.22 服务器 IP 地址

表 A.22 服务器 IP 地址属性定义

属性名	属性
名称(Name)	serverIPAddress
标签(Label)	服务器 IP 地址
定义(Definition)	信息资源被采集时所在对象服务器的 IP 地址及其端口。
注释(Comment)	IP 地址及其端口之间用“:”分隔,如:219.133.49.171:8000。
术语类型(Type of Term)	元素修饰词
修饰(Refines)	technicalInfo
元素修饰词(Refined by)	无
编码体系应用于(Encoding Scheme for)	无
编码体系修饰词(Encoding Scheme)	无

A.1.23 域名信息

表 A.23 域名信息属性定义

属性名	属性
名称(Name)	domainNameInfo
标签(Label)	域名信息
定义(Definition)	信息资源被采集时所在对象服务器的域名及其相关信息。
注释(Comment)	一般是网络信息资源被采集时所在对象服务器注册的域名。可根据需要著录注册商、注册日期等。
术语类型(Type of Term)	元素修饰词
修饰(Refines)	technicalInfo
元素修饰词(Refined by)	无
编码体系应用于(Encoding Scheme for)	无
编码体系修饰词(Encoding Scheme)	无

A.1.24 入口列表

表 A.24 入口列表属性定义

属性名	属性
名称(Name)	entryPointList
标签(Label)	入口列表
定义(Definition)	供网络机器人抓取网页的初始网址列表。
注释(Comment)	
术语类型(Type of Term)	元素修饰词
修饰(Refines)	technicalInfo
元素修饰词(Refined by)	无
编码体系应用于(Encoding Scheme for)	无
编码体系修饰词(Encoding Scheme)	无

A.1.25 设备

表 A.25 设备属性定义

属性名	属性
名称(Name)	equipment
标签(Label)	设备
定义(Definition)	加工或使用信息资源的硬件环境。
注释(Comment)	根据元素“事件”所规定的环境,区分加工资源与使用资源的设备。譬如:事件描述数字加工的环境,则设备用于信息资源的加工;事件描述信息服务的环境,则设备用于信息资源的使用。

续表

属性名	属性
	数字信息资源的常用加工设备有:扫描仪、数码相机、数字摄像机、声卡、视频卡等。
术语类型(Type of Term)	元素修饰词
修饰(Refines)	technicalInfo
元素修饰词(Refined by)	无
编码体系应用于(Encoding Scheme for)	无
编码体系修饰词(Encoding Scheme)	无

A.2 [代理]

A.2.1 职称

表 A.26 职称属性定义

属性名	属性
名称(Name)	agentTitle
出处(Defined by)	据 vCard 修订: ftp://ftp. isi. edu/in-notes/rfc2426. txt
标签(Label)	职称
定义(Definition)	代理依照其岗位、技能等被授予的职衔、称号。
注释(Comment)	常见的职称有:教授、工程师、研究员等。
术语类型(Type of Term)	元素修饰词
修饰(Refines)	Agent
元素修饰词(Refined by)	无
编码体系应用于(Encoding Scheme for)	无
编码体系修饰词(Encoding Scheme)	无

A.2.2 所在单位

表 A.27 所在单位属性定义

属性名	属性
名称(Name)	agentAffiliation
出处(Defined by)	vCard: ftp://ftp. isi. edu/in-notes/rfc2426. txt
标签(Label)	所在单位
定义(Definition)	个人从属的单位。用该单位的名称表示。
注释(Comment)	
术语类型(Type of Term)	元素修饰词
修饰(Refines)	Agent

续表

属性名	属性
元素修饰词(Refined by)	无
编码体系应用于(Encoding Scheme for)	无
编码体系修饰词(Encoding Scheme)	无

A.2.3 地址

表 A.28 地址属性定义

属性名	属性
名称(Name)	agentAddress
出处(Defined by)	据 vCard 修订：ftp://ftp.isi.edu/in-notes/rfc2426.txt
标签(Label)	地址
定义(Definition)	代理的联系地址。
注释(Comment)	包括邮政编码。建议采用 vCard 的结构化方式,如地址的各部分用分号“;”分隔。
术语类型(Type of Term)	元素修饰词
修饰(Refines)	Agent
元素修饰词(Refined by)	无
编码体系应用于(Encoding Scheme for)	无
编码体系修饰词(Encoding Scheme)	无

A.2.4 电子邮件

表 A.29 电子邮件属性定义

属性名	属性
名称(Name)	agentEmail
出处(Defined by)	据 vCard 修订：ftp://ftp.isi.edu/in-notes/rfc2426.txt
标签(Label)	电子邮件
定义(Definition)	代理的电子邮件地址。
注释(Comment)	
术语类型(Type of Term)	元素修饰词
修饰(Refines)	Agent
元素修饰词(Refined by)	无
编码体系应用于(Encoding Scheme for)	无
编码体系修饰词(Encoding Scheme)	无

A.2.5 统一资源标识符

表 A.30 统一资源标识符属性定义

属性名	属性
名称(Name)	agentURI
出处(Defined by)	据 vCard 修订：ftp://ftp.isi.edu/in-notes/rfc2426.txt
标签(Label)	统一资源标识符
定义(Definition)	代理的统一资源标识符。
注释(Comment)	包括统一资源定位符(URL)与统一资源名称(URN)。
术语类型(Type of Term)	元素修饰词
修饰(Refines)	Agent
元素修饰词(Refined by)	无
编码体系应用于(Encoding Scheme for)	无
编码体系修饰词(Encoding Scheme)	URI

A.2.6 代理 IP 地址

表 A.31 代理 IP 地址属性定义

属性名	属性
名称(Name)	agentIPAddress
标签(Label)	代理 IP 地址
定义(Definition)	代理的 IP 地址。
注释(Comment)	如:智能代理(如采集机器人)的 IP 地址。
术语类型(Type of Term)	元素修饰词
修饰(Refines)	Agent
元素修饰词(Refined by)	无
编码体系应用于(Encoding Scheme for)	无
编码体系修饰词(Encoding Scheme)	无

A.2.7 电话

表 A.32 电话属性定义

属性名	属性
名称(Name)	agentTelephone
出处(Defined by)	据 vCard 修订：ftp://ftp.isi.edu/in-notes/rfc2426.txt
标签(Label)	电话
定义(Definition)	代理的电话号码。
注释(Comment)	
术语类型(Type of Term)	元素修饰词

续表

属性名	属性
修饰(Refines)	Agent
元素修饰词(Refined by)	无
编码体系应用于(Encoding Scheme for)	无
编码体系修饰词(Encoding Scheme)	无

A.2.8 代理说明

表 A.33 代理说明属性定义

属性名	属性
名称(Name)	agentNote
出处(Defined by)	据 vCard 修订：ftp://ftp.isi.edu/in-notes/rfc2426.txt
标签(Label)	代理说明
定义(Definition)	关于代理的其他补充说明。
注释(Comment)	凡无法用代理的其他修饰词来描述,而认为有必要说明的事项,可用本修饰词。
术语类型(Type of Term)	元素修饰词
修饰(Refines)	Agent
元素修饰词(Refined by)	无
编码体系应用于(Encoding Scheme for)	无
编码体系修饰词(Encoding Scheme)	无

A.3 [政策]

A.3.1 政策信息

表 A.34 政策信息属性定义

属性名	属性
名称(Name)	policyInfo
标签(Label)	政策信息
定义(Definition)	对政策内容的形式化描述。
注释(Comment)	
术语类型(Type of Term)	元素修饰词
修饰(Refines)	Policy
元素修饰词(Refined by)	organizationType, collectionLevel, fundsSource, fundsAssignment, serviceFee, serviceTime, loanPeriod, accessAmountLimit, resourceProtectionMeasures
编码体系应用于(Encoding Scheme for)	无
编码体系修饰词(Encoding Scheme)	无

A.3.1.1 机构类型

表 A.35 机构类型属性定义

属性名	属性
名称(Name)	organizationType
标签(Label)	机构类型
定义(Definition)	信息服务机构根据其服务对象与任务所确定的类型。
注释(Comment)	信息服务机构通常分为:国家图书馆、公共图书馆、院校图书馆、国家信息研究所、地区信息研究所、国家档案馆、部门档案馆等。建议建立受控词汇表或代码表,规范机构类型的取值。
术语类型(Type of Term)	元素修饰词
修饰(Refines)	policyInfo
元素修饰词(Refined by)	无
编码体系应用于(Encoding Scheme for)	无
编码体系修饰词(Encoding Scheme)	无

A.3.1.2 收藏级别

表 A.36 收藏级别属性定义

属性名	属性
名称(Name)	collectionLevel
标签(Label)	收藏级别
定义(Definition)	将收藏的信息资源按目的、功能与用户水平划分的级别。
注释(Comment)	一种推荐的收藏级别把馆藏分为:完整级(完整收藏)、研究级、大学级、基础级、最低级。 根据涉及的信息资源的类型决定收藏级别的取值。若涉及多个类型,且各类的取值不同,则根据需要列出相应的类型及其取值。
术语类型(Type of Term)	元素修饰词
修饰(Refines)	policyInfo
元素修饰词(Refined by)	无
编码体系应用于(Encoding Scheme for)	无
编码体系修饰词(Encoding Scheme)	无

A.3.1.3 经费来源

表 A.37 经费来源属性定义

属性名	属性
名称(Name)	fundsSource
标签(Label)	经费来源

续表

属性名	属性
定义(Definition)	信息资源采集经费的来源。
注释(Comment)	根据涉及的信息资源的类型决定经费来源的取值。若涉及多个类型,且各类的取值不同,则根据需要列出相应的类型及其取值。
术语类型(Type of Term)	元素修饰词
修饰(Refines)	policyInfo
元素修饰词(Refined by)	无
编码体系应用于(Encoding Scheme for)	无
编码体系修饰词(Encoding Scheme)	无

A.3.1.4 经费分配

表 A.38 经费分配属性定义

属性名	属性
名称(Name)	fundsAssignment
标签(Label)	经费分配
定义(Definition)	某类信息资源采集经费占总经费的比例。
注释(Comment)	根据涉及的信息资源的类型决定经费分配的取值。若涉及多个类型,则根据需要列出相应的类型及其取值。
术语类型(Type of Term)	元素修饰词
修饰(Refines)	policyInfo
元素修饰词(Refined by)	无
编码体系应用于(Encoding Scheme for)	无
编码体系修饰词(Encoding Scheme)	无

A.3.1.5 服务费用

表 A.39 服务费用属性定义

属性名	属性
名称(Name)	serviceFee
标签(Label)	服务费用
定义(Definition)	信息服务机构提供某项信息服务所需的费用。
注释(Comment)	根据所提供的服务决定费用的取值。若涉及多个服务,则根据需要列出相应的服务及其取值。
术语类型(Type of Term)	元素修饰词
修饰(Refines)	policyInfo
元素修饰词(Refined by)	无
编码体系应用于(Encoding Scheme for)	无
编码体系修饰词(Encoding Scheme)	无

A.3.1.6 服务时间

表 A.40 服务时间属性定义

属性名	属性
名称(Name)	serviceTime
标签(Label)	服务时间
定义(Definition)	信息服务机构提供某项信息服务的时间。
注释(Comment)	如:数据库的开放时间、网上参考咨询的服务时间。时间的表达采用 GB/T 7408,或采用其他可转换成 GB/T 7408 的表达方式。如:01:30+08:00/13:30+08:00[北京时间9时30分至21时30分]。 若每周有确定的服务日,则附加服务日,如:01:30+08:00/13:30+08:00,周一/周五[或:星期一/星期五]。 若涉及多个服务,则根据需要列出相应的服务及其取值。
术语类型(Type of Term)	元素修饰词
修饰(Refines)	policyInfo
元素修饰词(Refined by)	无
编码体系应用于(Encoding Scheme for)	无
编码体系修饰词(Encoding Scheme)	GB/T 7408 等

A.3.1.7 借期

表 A.41 借期属性定义

属性名	属性
名称(Name)	loanPeriod
标签(Label)	借期
定义(Definition)	信息服务机构外借信息资源的期限。
注释(Comment)	一般根据不同的信息资源和/或不同的用户有相应的期限。应根据涉及的用户与信息资源的类型确定取值。若涉及多个用户和/或信息资源,则根据需要列出相应的用户和/或信息资源及其取值。
术语类型(Type of Term)	元素修饰词
修饰(Refines)	policyInfo
元素修饰词(Refined by)	无
编码体系应用于(Encoding Scheme for)	无
编码体系修饰词(Encoding Scheme)	无

A.3.1.8 资源使用限量

表 A.42 资源使用限量属性定义

属性名	属性
名称(Name)	accessAmountLimit
标签(Label)	资源使用限量
定义(Definition)	信息服务机构提供信息资源的数量限制。
注释(Comment)	一般根据不同的信息资源和/或不同的用户有相应的数量限制。如:学生外借图书的最高册数。应根据涉及的用户与信息资源的类型确定取值。若涉及多个用户和/或信息资源,则根据需要列出相应的用户和/或信息资源及其取值。
术语类型(Type of Term)	元素修饰词
修饰(Refines)	policyInfo
元素修饰词(Refined by)	无
编码体系应用于(Encoding Scheme for)	无
编码体系修饰词(Encoding Scheme)	无

A.3.1.9 资源保护方法

表 A.43 资源保护方法属性定义

属性名	属性
名称(Name)	resourceProtectionMeasures
标签(Label)	资源保护方法
定义(Definition)	信息资源及其权益遭受侵犯时的处置措施。
注释(Comment)	常用处置措施包括:现金赔偿、资源赔偿、过期收费、取消访问权限等。 根据涉及的信息资源类型决定保护方法的取值。若涉及多个类型,且有不同的取值,则根据需要列出相应的类型及其取值。
术语类型(Type of Term)	元素修饰词
修饰(Refines)	policyInfo
元素修饰词(Refined by)	无
编码体系应用于(Encoding Scheme for)	无
编码体系修饰词(Encoding Scheme)	无

A.3.2 规则

表 A.44 规则属性定义

属性名	属性
名称(Name)	rules
标签(Label)	规则

续表

属性名	属性
定义(Definition)	就信息资源管理过程中某一或某些事项所制定的有约束力的文件。
注释(Comment)	信息资源管理过程中常见的规则有:编目规则、分类标引规则、主题标引规则、数字化加工规则、资源评估体系等。
术语类型(Type of Term)	元素修饰词
修饰(Refines)	Policy
元素修饰词(Refined by)	rulesType, rulesName
编码体系应用于(Encoding Scheme for)	无
编码体系修饰词(Encoding Scheme)	无

A. 3. 2. 1 规则类型

表 A. 45 规则类型属性定义

属性名	属性
名称(Name)	rulesType
标签(Label)	规则类型
定义(Definition)	根据适用领域对规则所划分的基本大类。
注释(Comment)	常见的类型有:编目,分类标引、主题标引、数字化加工、资源评估等。建议建立受控词汇表,规范类型的取值。
术语类型(Type of Term)	元素修饰词
修饰(Refines)	rules
元素修饰词(Refined by)	无
编码体系应用于(Encoding Scheme for)	无
编码体系修饰词(Encoding Scheme)	无

A. 3. 2. 2 规则名称

表 A. 56 规则名称属性定义

属性名	属性
名称(Name)	rulesName
标签(Label)	规则名称
定义(Definition)	规则的名称或代码。
注释(Comment)	为了使规则名称具有唯一性,可附加规则的版本,发布年份等。如AACR2、中国文献编目规则(第2版)。
术语类型(Type of Term)	元素修饰词
修饰(Refines)	rules
元素修饰词(Refined by)	无
编码体系应用于(Encoding Scheme for)	无
编码体系修饰词(Encoding Scheme)	无

附录 B
（资料性附录）
元素与修饰词列表

B.1 通用元素

标识符(7.2.1)

信息资源(7.2.2)

- 信息资源标识符(7.2.2.1)
- 主次标记(7.2.2.2)
- 层次(7.2.2.3)
- 来源(7.2.2.4)
- 信息资源类型(7.2.2.5)
- 技术信息(7.2.2.6)
- 价格(7.2.2.7)
  - 币种(7.2.2.7.1)
  - 本币(7.2.2.7.2)
  - 汇率(7.2.2.7.3)
  - 数量(7.2.2.7.4)
  - 单价(7.2.2.7.5)
  - 总价(7.2.2.7.6)

权限(7.2.3)

- 权限标识符(7.2.3.1)
- 版权(7.2.3.2)
  - 版权拥有者(7.2.3.2.1)
  - 实施范围(7.2.3.2.2)
  - 版权保护方案(7.2.3.2.3)
  - 版权日期(7.2.3.2.4)
  - 引用条款(7.2.3.2.5)
- 许可声明(7.2.3.3)
  - 许可授权者(7.2.3.3.1)
  - 授权用户类型(7.2.3.3.2)
  - IP 地址(7.2.3.3.3)

    - 许可地点(7.2.3.3.4)
    - 用户数(7.2.3.3.5)
    - 许可期限(7.2.3.3.6)
    - 许可说明(7.2.3.3.7)
  - 访问权限(7.2.3.4)
    - 条件(7.2.3.4.1)
    - 操作权限(7.2.3.4.2)

代理(7.2.4)

- 代理标识符(7.2.4.1)
- 代理名称(7.2.4.2)
- 代理类型(7.2.4.3)
- 职能(7.2.4.4)
- 事件标识符链接(7.2.4.5)
- 权限标识符链接(7.2.4.6)

事件(7.2.5)

- 事件标识符(7.2.5.1)
- 事件类型(7.2.5.2)
- 操作(7.2.5.3)
- 操作日期时间(7.2.5.4)
- 事件细节(7.2.5.5)
- 信息资源标识符链接(7.2.5.6)
- 权限标识符链接(7.2.5.7)

政策(7.2.6)

合同(7.2.7)

- 合同号(7.2.7.1)
- 合同信息(7.2.7.2)
- 合同期限(7.2.7.3)

单据(7.2.8)

- 单据类型(7.2.8.1)
- 单据项目(7.2.8.2)
- 单据编号(7.2.8.3)
- 金额(7.2.8.4)
  - 金额类型(7.2.8.4.1)
  - 金额数(7.2.8.4.2)
- 单据说明(7.2.8.5)

评估结果(7.2.9)

保存信息(7.2.10)

[通用修饰词]

- 封装(7.2.11.1)
  - XML 数据(7.2.11.1.1)
  - 二进制数据(7.2.11.1.2)
- 链接(7.2.11.2)

B.2 专用元素

[采集]

采集来源(7.3.1)

采集方式(7.3.2)

采集决定(7.3.3)

[加工]

加工请求(7.3.4)

- 加工项目(7.3.4.1)
- 加工项目编号(7.3.4.2)
- 加工要求(7.3.4.3)

[服务]

服务请求(7.3.5)

- 服务项目(7.3.5.1)
- 服务项目编号(7.3.5.2)
- 问题描述(7.3.5.3)
- 服务要求(7.3.5.4)

服务方式(7.3.6)

- 传输方式(7.3.6.1)
- 存取方式(7.3.6.2)

B.3 编码体系修饰词

- CNMARC(7.4.1)
- DC(7.4.2)
- DCMI 类型词汇表(7.4.3)
- DOI(7.4.4)
- GB/T 7408(7.4.5)
- IMT(7.4.6)
- GB/T 12406—2008(7.4.7)
- MARC21(7.4.8)
- METSRights(7.4.9)
- ODRL(7.4.10)

- PICS(7.4.11)
- PIDL(7.4.12)
- UNIMARC(7.4.13)
- URI(7.4.14)
- XACL(7.4.15)

B.4 扩展的修饰词

[信息资源]

- [技术信息]
  - 格式(A.1.1)
  - 字符集(A.1.2)
  - 分辨率(A.1.3)
  - 色彩(A.1.4)
  - 色彩位深(A.1.5)
  - 画面宽高比(A.1.6)
  - 采样频率(A.1.7)
  - 比特率(A.1.8)
  - 通道数(A.1.9)
  - 量化精度(A.1.10)
  - 视频制式(A.1.11)
  - 采样方式(A.1.12)
  - 帧速(A.1.13)
  - 音频设定(A.1.14)
  - 音频采样(A.1.15)
  - 压缩(A.1.16)
  - 加工方式(A.1.17)
  - 识别工具(A.1.18)
  - 导入方式(A.1.19)
  - 整合方式(A.1.20)
  - 整合标准(A.1.21)
  - 服务器 IP 地址(A.1.22)
  - 域名信息(A.1.23)
  - 入口列表(A.1.24)
  - 设备(A.1.25)

[代理]

- 职称(A.2.1)
- 所在单位(A.2.2)

- 地址(A. 2. 3)
- 电子邮件(A. 2. 4)
- 统一资源标识符(A. 2. 5)
- 代理 IP 地址(A. 2. 6)
- 电话(A. 2. 7)
- 代理说明(A. 2. 8)

[政策]

- 政策信息(A. 3. 1)
  - 机构类型(A. 3. 1. 1)
  - 收藏级别(A. 3. 1. 2)
  - 经费来源(A. 3. 1. 3)
  - 经费分配(A. 3. 1. 4)
  - 服务费用(A. 3. 1. 5)
  - 服务时间(A. 3. 1. 6)
  - 借期(A. 3. 1. 7)
  - 资源使用限量(A3. 1. 8)
  - 资源保护方法(A. 3. 1. 9)
- 规则(A. 3. 2)
  - 规则类型(A. 3. 2. 1)
  - 规则名称(A. 3. 2. 2)

参考文献

[1]DCMI Usage Board. DCMI Metadata Terms. [2009 - 04 - 26]. http://dublincore. org/documents/dcmi-terms/

[2]MODS: Metadata Object Description Schema. [2009 - 04 - 26]. http://www. loc. gov/standards/mods/

[3]METS: Metadata Encoding & Transmission Standard. [2009 - 04 - 26]. http://www. loc. gov/standards/mets/

[4]Platform for Internet Content Selection (PICS). [2009 - 04 - 26]. http://www. w3. org/PICS/

[5]肖珑等. 专门元数据规范设计指南. [2008 - 09 - 06]. http://cdls2. nstl. gov. cn/mt/blogs/2nd/archives/docs/CDLS-S05-012. pdf

[6]Rust G., Bide M. The <indecs> Metadata Framework: Principles, Model and Data dictionary, 2000: 13 - 15

[7]PREMIS Working Group. PREMIS Data Dictionary for Preservation Metadata, version 2. [2009 - 04 - 26]. http://www. loc. gov/standards/premis/v2/premis-2-0. pdf

[8]RDF Vocabulary Description Language 1.0: RDF Schema. [2009 - 04 - 26]. http://www. w3. org/TR/rdf-schema/

[9]DCMI Metadata Terms. [2009 - 04 - 26]. http://dublincore. org/2008/01/14/dcterms. rdf

索 引

B

C

D

E

F

G

H

J

L

P

Q

R

S

T

W

X

Y

Z

字母

ISBN 978-7-5013-5048-3

9 787501 350483 >

定价：60.00元